仕事と心の流儀

丹羽宇一郎

講談社現代新書

2508

はじめに——努力に終わりはない

本書は、私から働いているすべての方々に送るエールです。

これから日本の中心となる若い人に、いま私がいちばん知ってほしいのは、仕事を通して得られる人生の喜怒哀楽、とりわけさまざまな喜びです。

新人の頃は小さな仕事しか任せてもらえず不満を感じたり、失敗をして落ち込んだりすることもあるでしょう。「こんな会社、辞めてやる」と思うこともあるかもしれません。

でも、そこで投げ出さず、「負けてたまるか！」と歯を食いしばって頑張っているうちに、少しずつ大きな仕事を任されるようになります。それをやり遂げたときに味わう喜びはことのほか大きなものですし、分かち合う仲間が多ければ多いほど、さらに喜びは大きくなります。本当かなと半信半疑の人もいるでしょうが、まず、そういう喜びを経験するまで我慢して頑張ってほしいんです。

また、日頃から先輩や上司をよく見ていると、「この人はなかなかの人物だな」と尊敬できる人もいれば、「下らないことばかり言ってるな」と幻滅することもあるでしょう。尊敬できる人に巡り合う機会は、そうしょっちゅうあるわけではありません。だからこそ、そういう人に出会ったら自分の成長の糧にしてください。私自身、尊敬できる先輩や上司から多大な影響を受け、それを心の糧としてきました。

一方、部下を持った人は、自分よりも部下や会社のことを優先しなければならないことが多くなってきます。なかでも、部下の「心」の教育は最も重要な務めの一つです。

インドの宗教家で政治指導者でもあったマハトマ・ガンジーは、人間の成長には肉体の鍛錬、知識の鍛錬、心の鍛錬が必要だと述べています。この三つの中でいちばん難しいのは、心の鍛錬です。心の鍛錬の難しさは、二四〇〇年前の哲人アリストテレスが、後にマケドニア国王となる幼き日のアレクサンドロスの教育係になったとき、いちばん悩んだことでもありました。いまだに、これという〝薬〟は見つかっていません。

人間は、ちょっと油断すると邪心が芽生え、倫理を外れてしまいます。それは、昨今の企業の不祥事を見ても明らかです。だからこそ、リーダーが部下の「心」の教育をしっかりしていかなければなりません。それだけでなく、自分自身も深く広い教養を求めて学び続け、「心」をさらに成長させていってほしいと思います。

もう一つの私の願いは、皆さんに自負心を持って仕事をしてほしいということです。自負心は、もちろん自分のためを第一に考えるのは当然ですが、全力で仕事に取り組み、人や書物から謙虚に学び、他人や社会のために尽力する努力を続けることで持てるものです。努力なき自負心は、単なる傲慢《ごうまん》です。

また、そうした努力があってはじめて、自由があり、平等があり、権利や権限もあるのです。自由に仕事を選ぶ権利、平等に機会を与えられる権利、職務上の権限といったものは、努力しなければ誰かに奪われてしまいます。努力しなければ仕事の本当の喜びも味わえないし、夢や目標を達成することもできません。お金だって入ってこなくなる。

逆に言えば、いまの自分が置かれた状況に不満のある人でも、努力を続けていけば、いくらでもその状況は変わり得るということです。

だからあきらめてはいけない。「人間は死ぬまで努力だよ」と、私はよく言います。始めがあって終わりがないのが努力です。

私は思ったことを「ズケズケ」言う質《たち》なので、本書でも皆さんにとって耳の痛い話がいろいろと出てくると思います。その中に少しでも、皆さんの心に響き、刻まれるものがあれば、著者としてこれほど嬉しいことはありません。

目次

第一章　逆境が心を成長させる

第二章　仕事と人生

第三章　上司と部下

第四章　組織と個人

第五章　努力とチャンス

第一章　逆境が心を成長させる

絶体絶命の状況でも努力を続けることで、人は鍛えられ、強くなっていく。

土壇場、修羅場、絶体絶命のピンチは、誰もが回避したいものですが、長い人生の間には不可避なものとして誰の目の前にも現れます。新入社員もベテラン社員も、ヒラもトップも、それぞれに危機との向き合い方、切り抜け方を試されます。「逆境に身を置いてなお、努力できるか」が問われるのです。

私がそのことを実感したのは、三〇代半ばの頃でした。

入社して以来、私は食料畑をずっと歩いてきました。油脂部に配属されて大豆取引を担当し、入社六年目からアメリカに駐在しました。大豆は食料としてだけでなく、搾油や家畜飼料としての需要もあります。当時の伊藤忠はアメリカから大量の大豆を輸入し、業界で一、二位を争うシェアを占めていました。伊藤忠のニューヨークでの欧州各国を含めた売り上げのうち、約四分の一は私が担当する大豆でしたから、プライドを持って仕事をしていました。

しかし、アメリカに駐在して五～六年目の頃、穀物相場で大失敗をしてしまったのです。

その年は深刻な旱魃《かんばつ》が続き、穀物が枯れて地面がひび割れ、荒地になっている畑の大きな写真付きの記事が、ニューヨーク・タイムズの一面にでかでかと載りました。その記事を見た私は、大豆の価格は高騰すると確信し、さらに買い込んでいたんです。

ところが、日照り続きだった天候が一転、雨が降り出しました。農家にとっては恵みの雨ですが、こちらはそれどころではありません。それでも私は、よもや豊作にはならないだろうと、たかをくくっていました。

しかし、農産物というのは強い。ひと雨降ったら、ものすごい勢いで生き返りました。農務省は「今年は大豊作になるだろう」と予測を発表し、それに反応した相場は、上げ歩調から反転して一気に暴落。五〇〇万ドル近い含み損を抱えることになってしまったのです。当時は一ドルが三〇八円でしたから、日本円で約一五億円。なんと、当時の会社の税引き後の利益に匹敵する額でした。

いくら懐の深い会社といえども、こんな大損失を出して、タダで済むはずがありません。これまで一生懸命に勉強し、相場の経験も積んで自信がついてきた頃だっただけに、私は言いようのない挫折感に打ちのめされました。

しかし、いまにして思えば、あの頃の私はまだ勉強も経験も不足していました。農業というものに対して充分な知識がなく、ひと雨降ったらこんなことになるとは思えなかったのです。若気の至りというよりも経験不足、すべてに落第、「とにかく儲けるんだ。天の恵み、千載一遇のチャンス」という気持ちが先走り、現場をよく見ずに突き進んでいたんです。三〇代半ばで大きな仕事を任されるようになってくる時期には、誰でもこうした落とし穴にはまってしまうのかもしれません。

会社をクビになるかもしれない。いや、その前に自分から辞表を出そうか。私は真剣に悩みました。この世には、神も仏もいないのか——。まさに、そんな心境でした。

そのとき、「いっさい隠し事はするな。すべて会社に報告しろ」と言ってくれたのが、東京の食料部門の上司だった筒井《つつい》雄一郎《ゆういちろう》さんです。彼は、へたをすれば会社が潰れかねないような大勝負を、私の情報をもとに一緒に考え、やらせてくれていました。

「お前がクビになるなら、その前に俺が先にクビになる」

と、涙が出るような励ましの言葉をもらい、本社からの叱責の矢面に立ってくれたのです。彼の指示通り、私は事の経緯を包み隠さず、すべて会社に報告していました。

ちょうどその頃、伊藤忠商事の六代目社長に就任した戸崎誠喜《とざきせいき》さんの就任祝いのパーティーがニューヨークであり、私も出席しました。

「丹羽というのがいるだろう。ちょっと連れて来い」

私は呼ばれて社長のところに行きました。

若い私がじきじきに社長に呼ばれて話をしているので、周囲は皆、「えーっ！　丹羽君は社長に呼ばれて挨拶に行くほどできる奴なのか」と驚きました。でも、できるから社長に呼ばれたのではなく、怒られるために呼ばれたんです。

「きみが丹羽か。あの大損はまだ持っているのか」

「はい、持っています」

「いつまで持っているつもりだ」

「いや、もうちょっと持たせてください」

戸崎社長と私は、こんな会話をしていました。それを知った周囲は、手のひらを返したように、「丹羽はもう終わりだ」という雰囲気になったのは当然でしょう。急によそよそしくなる人もいて、会社では針のむしろ状態。人間の非情さを生まれて初めて味わいました。それでも私が意外と明るくいられたのは、いっさい嘘をついていなかったことと、筒井さんの心の支えがあったからです。いま思い出しても、あのときの言葉は涙が出るほど心に刻まれ、その後の伊藤忠人生の大きな宝となりました。

彼の励ましもあり、私はその後、必死に情報を集めました。「旱魃で大凶作」の予測は外れたけれど、大豆の収穫期の天候に、もう一波乱あるかもしれない。まだ含み損の段階で挽回のチャンスはあるのだから、全力を尽くして努力しようと、腹をくくったのです。

自分で車を運転して何度も産地に足を運び、民間の天気予報会社と契約して情報を収集、アメリカ気象庁の資料と重ね合わせて分析しました。こうした地道な努力を重ねるうちに、その年は秋口に早霜が降りるだろうという確度の高い情報を得た私は、それに賭けました。本当に大寒波がやってきて相場は急騰。一日に一億円ずつ回復して私は含み損を解消し、逆にある程度の利益を出すことができたのです。

半年ほどの短い間の出来事でしたが、この体験は私にとって大きな転機となりました。逆境にあるときでも、「何くそ、負けてたまるか！」と思って努力を続けていれば、最後には何らかの形で必ず報われる。どんなに苦しくても、決してあきらめてはいけない。努力を怠ってはいけない。そう考えるようになったんです。

何をやっても取り返しがつかないような状況に身を置いたとき、「もう俺は駄目だ」とあきらめてヤケ酒をあおっているだけだったら、本当に駄目になってしまいます。苦しいときこそ、天が与えてくれた機会と思って頑張れば、きっと道は開けます。少なくともそう信じて一生懸命努力を重ねることで、人間は鍛えられ、強くなっていくのだと思います。

DNAのランプが点くまで努力を続ければ、自分の能力を超えた「サムシンググレイト」が働く。

アメリカの大豆相場で抱え込んだ含み損が一気に解消されたとき、私は、人間の力を超えた「サムシンググレイト」とでも呼ぶべき存在がないと、この現象は説明できないと思いました。

私は無神論者に近いからというわけではありませんが、ここで言う「サムシンググレイト」は神という意味ではありません。「人間の力を超える何か」が「サムシンググレイト」です。

莫大な損失をなんとか挽回しようと懸命に努力する自分の姿を誰かが見ていて、自分の能力を超えた「サムシンググレイト」が働いたのではないか。そう考えるほうが、気持ちのうえで納得がいったのです。

もちろん、必死に情報を集めて客観的に情報を分析していたわけですから、含み損を取り戻せたのは当然だし、運が良かったという人もいるかもしれません。しかし、それは結果論にすぎない。相場というのは、学校の勉強とは違って、努力と勉強の成果が現実に表れるものではありません。一生懸命努力をしても大損することもあります。

　そういうところで信じ難いほどの莫大な損失を抱え、辞職も考えるような苦労を味わいながら、さらに努力を重ねられたのは、自分のことを忘れ、無欲の努力を続けられたからだと、周囲の方々に感謝しなくてはなりません。誰かが自分のことを見ていると思えば、新たな力が湧いてきます。上司、同僚、部下、取引先、友人、家族……。誰かが必ず見ているんだと思えば、踏ん張りもきくのではないでしょうか。

　そうして毎日努力を続けていると、あるとき、「なんか俺、いままでと違って少し力がついたよな」「なんとなく仕事がわかった気がする」と感じることがあります。受験生ならば、「難しい問題が解けるようになった」と感じるようなときです。

　私の言葉で言えば、「ＤＮＡのランプがポッと点《つ》く」のです。なぜ私がそう考えるようになったのかは第二章で詳しく説明しますが、この状態は、コツがわかった、ジャンプアップした、心が強くなった、などと表現されることもあります。どれも、「自分の能力が一皮むけたとき」を指しています。

　たとえば私の場合、大豆相場の大損を抱えてはいましたが、収穫期の天気がどうなるか徹底的に調べ、「必ず早霜が降りるぞ」と確信しました。天気予報に百パーセントの確実はありませんが、ドタ勘ではなく、ＤＮＡのランプが点いたのか、不安ではありましたが、多分そうなるだろうという蓋然性《プロバビリティー》が非常に高いと感じたのです。

ＤＮＡのランプが点くのは、一種の生きる力が付くときです。「こうすれば仕事はうまくいく」「こういうふうにやれば負けても悔いがない」ということをなんとなく感じる。自分の仕事への姿勢が変わり、仕事がおもしろくなります。そこで満足してしまわず、さらに努力を続ければ、また次のランプが点く可能性があります。いまよりもっと大きな仕事や決断ができるようになるわけです。「サムシンググレイト」が働くのは、ＤＮＡのランプがポッと灯ったときだ、とも言えるでしょう。

ＤＮＡのランプを点灯させるには、一日一〇分でも二〇分でも必ず毎日努力を続けることが大切です。いつまで努力すればいいのか？　生きている限り、ずっとです。

なぜなら、一日でも努力を怠ると、せっかく灯ったランプが消え、二度と点かなくなるからです。人間は弱い生き物なので、「今日は疲れたから」「明日は二倍やるから」などと理由をつけて怠け、そのまま努力をやめてしまうことが多いんです。結局、自分の中にある能力は開花せずにおしまい。それはあまりにももったいないと思いませんか？

「毎日努力しているのに、ちっともランプが点かない」という人は、本当に毎日努力を続けているか、自問してください。努力の成果は客観的な数字では測れないので、「自分なりのベストを尽くしている」と思えるまで、頑張って努力を続けていくことです。

勝者と敗者を分けるのは、心の強さと平常心。

将棋の羽生善治《はぶよしはる》さんと対談をしたとき、「平常心を保つために心掛けていることは何ですか？」と質問すると、

「一生懸命にやり尽くすことです。もうこれ以上はやれないというところまでやれば、本番ではいい意味で開き直れます」

という答えが返ってきました。

かつて四回日本一となった京都大学アメリカンフットボール部の当時の監督、水野弥一《みずのやいち》さんも、同じ趣旨のことをおっしゃっていました。

「スポーツ選手が平常心で戦いに臨めるのは、もうこれ以上できないと心の底から思えるほど練習を重ねたときだ。これ以上できないくらい練習したんだから、試合の当日に焦ったり不安になったりすることはない。勝敗を超えた心の強さが支えとなる」と。

私も、二人のおっしゃる通りだと思います。相手が強かろうが、弱かろうが関係ない。自分はこれ以上ベストを尽くせないと思うほど練習してきたのだから。勉強してきた

のだから。鍛錬してきたのだから。そう思うことができれば、本番で「自分はこれしかできないのだから、いまの力をそのまま出せばいいんだ。勝っても負けても思い残すことは何もない」という気持ちになります。つまり、人事を尽くして天命を待つ心境になるわけです。

そういう心境になったときの人間は強い。「ふだん通り、自分のやれることをやればいい」と自分を納得させることで心が安定し、実力を発揮できます。それこそが「平常心」です。

一方、あれをやっておけばよかった、これをやっていなかったと反省する人、ベストを尽くせなかったと思う人は、試合に行くと相手がものすごく強く見える。入社試験会場に行くと、周りの学生がすべて自分より優秀に見える。「しまった！　もうちょっと頑張っておけばよかった。なんでやらなかったんだ」と心配になってしまう。この時点で、すでに気持ちで負けています。本番直前になって反省や不安がよぎるようでは、敗北は決したも同然。相手ではなく、自分に負けてしまうのです。

オリンピックや高校野球を観ていても、勝者と敗者を分けるのは、最後は「心の強さと平常心」ではないかと感じます。頂点を目指すような戦いにおいて技術はさほど変わらない、心の持ち方によって勝敗が決するのだと、私は思います。

けれど、この世には心を強くする〝薬〟などありません。そんなものがあれば、皆とっくに飲んでいる。これを食べれば心が強くなるとか、こういう訓練をすれば強くなるというものもありません。地道に日々自分なりのベストの努力をするしかないんです。

心というものは可視化できませんから、どうすれば心を強くできるかという問題は、姿、形では表れず非常に精神的なものになります。とことんまで心を鍛えた人は、「これだけ努力してきたんだから」という自負心が底力となって、精神的に競争相手よりも優位に立てるのだと思います。

ビジネスの世界も同じでしょう。私はアメリカ駐在時代に、土日も昼夜もなく働いたことがありました。時差があるので早朝から欧州とやりとりし、夜は日本が相手でした。その結果、「仕事量では誰にも負けない。頭ではなく体で勝負している。私と同じことをやれるものなら、やってみろ」と言えるまでの自負心を持つようになりました。そうした経験は自分の財産になり、絶対に無駄にはなりません。

新入社員の場合は、まずは謙虚に、すべてを吸収するつもりで努力してみることです。一〇年も経てば、「俺はこれだけやったんだ。うまくいかなければ仕方ない。これが自分の力だ」と思うほかありません。そうなれば、周りから「ゴチャゴチャ」言われてもあたふたすることはなく、自分の信念に従って行動できるようになります。

常識力と理解力があれば、理不尽な命令にも冷静に耐えられる。

近年、スポーツ界の「パワハラ」問題が注目されています。小中学校や高校の部活でも起こる普遍的な問題で、日本のスポーツ教育の課題が露呈したとも言えるでしょう。

スポーツで本当に大事なことは、精神力の鍛錬です。練習で肉体だけを鍛えても試合には勝てません。前項で述べた通り、いざというときに平常心を持って、おのおのが「自分の持てる最大の力を出せばいい」と思えるかどうかが大事です。

大リーグで長年活躍するイチロー選手や、冬季五輪二連覇を達成したフィギュアスケートの羽生結弦《はにゅうゆづる》選手は、日々厳しい練習を重ねていると思いますが、それ以上に、ものを考える力を哲学として、良き指導者、先輩、父母から学んでいるのではないでしょうか。昨今のパワハラ問題では、こうした精神力を育てる場としてスポーツが機能していないと感じます。

問題の根源にあるのは、文武両道がなされていないことだと思います。日本ではスポーツが得意な学生は学問をないがしろにしがちで、それを認める風潮もあります。中学校や高校でも土日に部活動があり、練習が強制されることも多いようです。生徒たちは、いつ勉強しているのでしょうか。

冬季平昌《ピョンチャン》五輪でメダルを獲得したある選手が、大学にほとんど行かずに卒業したという記事も読みました。欧米ではあり得ないことです。アメリカでは、スポーツ選手であろうと学生は全員が授業を受け、授業後の二時間に集中して練習すると聞きます。それでうまくなってはじめて、周りから尊敬されるのです。「武」だけでなく「文」も鍛えてこそ、本当のスポーツ。「武」だけで勝つことのみを目標にしているような日本のスポーツ界は、見習わなければならないでしょう。

また、日本のスポーツ界では問答無用の厳しい上下関係を押し付けがちですが、前項で紹介した水野弥一さんが監督だった頃の京大アメフト部では、グラウンドの草むしりやローラーかけなどの嫌なことを、四年生がやっていたそうです。入ったばかりの一年生がアメフトを好きになり、競技を楽しめる環境をつくるためです。そうして、二連覇を含めて四度の日本一をなし遂げたのです。また、部員には授業の単位を取らせるようにしていました。つまり、文武両道です。国立大ですから単位取得の特別扱いはなく、留年する選手も多かったようです。

ただ、文武両道といっても、単に偏差値が高ければいいというわけではありません。スポーツ界のパワハラ問題が世間を騒がせていたのと同じ時期に、財務省では事務次官がセクハラ問題で更迭され、文部科学省では事務次官や初等中等教育局長らが一連の文科省汚職事件に関与した会社の飲食接待を受けて処分されました。彼らは難しい国家試験を通ったエリート官僚ですが、本当の意味での「人間力」が不足していたと思わざるをえません。

権力を持つ人物に対して、人は笑顔を振りまくものです。そういった行為を自分のいいように解釈してしまうのは、知識だけではない人間としての勉強が足りなかったからではないでしょうか。スポーツで体を鍛えるのも、勉強して高い偏差値を取れるようにするのも、それだけではバランスを欠きます。スポーツ界のパワハラ問題やエリート官僚の不祥事の内奥には、限られた狭い仲間社会・環境でしか生活していない人の「人間力」の欠如と視野の狭さがあるように思われます。

私が若い人たちに勉強しなさいと言うのは、「人間力」を高め広い視野を持ってほしいからです。勉強というのは、人との交わりや読書も含まれます。特に、日常では出会わないさまざまな人との交流は、心の成長に大いに役立ちます。

常識力や理解力も、勉強によって身に付きます。常識力や理解力があれば、監督やコーチから理不尽な命令を受けたとしても、その通りにしてしまうことはありません。相手の言葉の裏にある真意を察することもできるので、仕事での上司の理不尽な言葉にうまく対処できるようになります。

たとえば経営者の中には、「こんなことができないようじゃ左遷だ」「給料を減らすぞ」と社員を脅して恐怖に陥れ、言うことを聞かせる人もいるかもしれません。常識力のある社員なら、「これは恐怖政治だ！　あの社長を反面教師としよう」と、自分の糧として冷静に対応するでしょう。あるいは、「何をしてでも金を稼いで来い」と言葉の勢《はず》みで乱暴なことを言う上司だっているかもしれません。理解力がある部下なら、「言葉の勢いで言っているだけだ。そのぐらい強い気持ちで仕事をしろということだろう」と、真意を察するはずです。立派になれる人ばかりではありませんが、そう努力を続けることが大切です。

常識力や理解力がないと、調教された動物のように上の言うなりになってしまいます。冗談ではなく、そのうちに「泥棒やってでも稼いで来い」と上司に言われてその通りにしてしまう人が出てくるかもしれません。

一方、トップやリーダーは、そういうことも考えて、「人の信用を失うようなことだけはしちゃいかんぞ」と、口を酸《す》っぱくして言わないといけません。

失敗のない優等生ほど怖いものはない。小さな失敗をたくさんせよ。

「ハインリッヒの法則」という言葉を皆さんは聞いたことがあるでしょうか。

一つの重大な事故が起きるまでには三〇近い軽微な事故が起きており、さらにその背後には一〇倍の三〇〇回くらい「ヒヤリ」「ハット」とするような小さな失敗や異状があるという、事故の法則のことです。つまり、周りにいくつも起きている「アレッ？　なんかおかしいな」と思う程度の出来事を見逃していると、それが重大な事故につながるということです。

ただ、そうした小さな出来事に、人はほとんど注意を払いません。「自分だけの感じ方の問題だろう」「ちょっとしたミスだ」と思って報告しないので表に出ず、本人も、あたかもなかったことのように忘れてしまいます。

重大事故の裏の裏にある多くの人の積もり積もった三〇〇の「ヒヤリ」「ハット」を失敗として共有し認識し、改善していくのは、とても難しいことです。しかし、ものは考えようで、小さな失敗や問題がしょっちゅう起きていれば皆が絶えず緊張感をもって仕事に当たり、油断は生まれません。小さな失敗があるたびに反省し、改善していけば、重大事故を起こさずに済みます。

したがって、小さな失敗はたくさんしたほうがいい。仕事で大失敗しないためのいちばん良い方法は、絶えず小さな失敗をしていくことだと、私は思っています。

そのときに大事なのは、失敗したらすぐ、正直に上司に報告することです。報告すれば叱られて落ち込むかもしれませんが、「重大事故を未然に防いだ」と考えて、頭を切り替えればいいんです。小さな失敗なら乗り越えることができます。失敗そのものを反省したら、いつまでもくよくよ悩む必要はありません。

ただし、同じ失敗を何度も繰り返すようでは駄目です。「あいつは最初の失敗から何も学んでいない。大きな仕事は任せられないな」ということになってしまいます。

若い頃は、誰でも失敗をして上司に叱られるものです。特に新入社員のときは、何も知らないのだから失敗が多くて当たり前。私も何度も叱られました。

でも、会社というのは新入社員が犯す小さな失敗ぐらい、こういうことが起こるであろうと最初からお見通しなんです。また、上司には「そろそろこいつも失敗するぞ」というのがわかります。この時期になると疲れが出てくるとか、仕事に慣れて手を抜きがちになるといった具合に、おおよその見当がつくわけです。自分も通ってきた道ですし、これまでの部下も同じようなものだから、小さな失敗への対処の仕方も心得ています。

ところが、小さな失敗を隠してしまうと、ちょっとやそっとでは取り返しのつかない大きな事故につながる可能性が高くなってしまいます。私は、優秀な人間ほど失敗を隠そうとする、と思っています。

学校ではずっといい成績、入社後も失敗なく仕事をこなしているような人は、本人も周りも優秀だと思っているでしょう。それが小さな失敗を犯してしまった。本人は自分のプライドを守りたい。周りから「ああ、こいつも普通の人間か」と思われたくない。だから必死になって失敗を隠すわけです。

しかし、どんなに優秀でも人間は失敗をします。人間は間違いを犯す動物なのですから、絶対に失敗しないなんていうことはあり得ない。本人は、「黙っていればずっと優等生でいられる」と思っているのかもしれませんが、そもそもその考えが間違っているんです。

小さな失敗を隠したために、本人どころか会社全体の信頼を失う事態に至ってしまうかもしれません。一度失った信頼を取り戻すのは、容易なことではありません。ですから上司は、「すべてがうまくいっている」と思ったときには充分に注意すべきです。誰かが小さな失敗を隠している可能性があります。

人間とはどういう生き物かをよく勉強している人なら、最善のときほど最悪をイメージすべきだと知っているので、「ちょっと待て、おかしいぞ。あまりにも順調すぎる」と感じ、小さな失敗や異状に敏感になるはずです。

逆に、「うちの部署はここ一〇年、何一つ失敗はない。常に利益が出ている」などと自慢げに言うような上司がいたら、その人の目は節穴だと思うべし。人間について勉強をしていないから、失敗がないのは良いことだと浅薄《せんぱく》な捉え方をしてしまうのです。

何もかも完璧なんていうことは、人間にはあり得ません。それを忘れて「我が部署は優秀だ」と思っていると、しばらくしてから、隠蔽《いんぺい》され蓄積され続けていた失敗がドーンと一気に露呈し、会社がひっくり返ってしまうことがよくあります。

悲観的に考えて、楽観的に行動する。

二〇一五年六月、伊藤忠商事はシェールガス事業からの撤退を決め、二五%出資していたアメリカの石油・ガス開発会社の株を同社に二年間の減損処理後の簿価ほぼゼロで買い取ってもらいました。その結果、この事業で累計約八〇〇億円の損失を計上することになりましたが、当時の岡藤正広《おかふじまさひろ》社長（現・代表取締役会長CEO）の判断は正しかったと、私は思っています。

失敗したと思ったときは、それを素直に認めてバサッと切るのがいちばんで、未練たらしく続けてもいいことはありません。精神的にもすっきりするし、社員にもわかりやすい。時間をかけて交渉すればゼロを五ドルにできたかもしれませんが、負け戦の処理ほど疲れることはありません。そのエネルギーは新しいビジネスに向けたほうが、よほど効率的です。

組織のトップやリーダーは、周囲とは反対のことも考えなければいけないことがあります。私も社長時代、事業がうまくいかず皆が落ち込んでいるときには、泰然とした姿を見せて「何をしょげている。いずれ絶対いいことがある」と肩を叩き、未来の明るい姿を示すようにしていました。

逆に、プロジェクトが成功して皆が喜んでいるときは、「ちょっと待て。これは長続きしないぞ。最悪のときにはどうするか」と考える。得意満面の幹部を前に、「今回はたまたま運がいいだけだ。実力以上の結果ではないか。将来の大仕事は実力以上の大きなリスクに直面するかもしれない。研鑽《けんさん》を積め、たえず謙虚な気持ちを忘れないように」と、逆に引き締めたことは何度もあります。

常に周りと逆のことを考えるのは、私がアメリカで穀物相場を担当したときの経験知でもあります。相場の世界には、「上がったものは必ず下がる。下がったものは必ず上がる」という極めてシンプルな原理があります。なにごとも永遠に上がり続けることも、永遠に下がり続けることもありません。

別の言い方をすれば、上がるベクトルはすでに下がるベクトルを含んでいるし、下がるベクトルは上がるベクトルを含んでいるわけです。

だから、絶好調のときこそ冷静になり、次に訪れるかもしれない最悪の事態を想定しておかなければいけません。それは、修羅場をくぐり抜けるうえで最も大切な心構えと言えるでしょう。

アメリカの投資銀行リーマン・ブラザーズが二〇〇八年に経営破綻して、世界経済は

「二〇〇年に一度」と言われるほど深刻な金融危機に見舞われました。

いわゆるリーマン・ショックの根本的な原因は、リーマン・ブラザーズが成功体験を続けてきたことにあります。利益を出し続け、自分たちがやっていることは間違いないと油断したのです。「おかしいぞ。これまでと同じように仕事をしているのに、こんなに儲かるわけがない」とは思わず、自分たちの「金融工学の力」という能力を過信して傲慢になり、「まだはもうなり」の教訓を忘れ、リスク管理が甘くなってしまったのでしょう。

いわゆるバブル景気に踊っていた頃の日本企業も同じです。その甘さは、いまも抜けていないように思えます。

私はよく、「悲観的に考えて、楽観的に行動しろ」と言います。最悪の事態を想定して準備をしたら、あとはうまくいくと思って明るくいくほうがいい。私が貫いてきた経営姿勢です。

「悲観的に考えて、楽観的に行動しろ」は、あらゆる局面で通用する考え方だと思います。交渉の場面では悲観的なことばかり考えていると、かえって相手との対立を生み出し、自社の不利益に繋がりかねません。企業のトップであれば、会社や社員をどう守るか、自社と交渉先の双方にとって何が利益になるかを判断する。現場の社員も、それぞれのポジションでできる限り、こうした意識を持つようにすべきでしょう。

問題が多いことを喜べ。それは懸命に生きている証だ。

私は人からよく相談を受けます。はたからは順風満帆に見える人でも、意外な悩みや問題を抱えていることは多いものです。

人間は生きていれば問題だらけです。仕事の問題、お金の問題、人間関係の問題、家族の問題、健康の問題……。挙げればキリがなく、一つ問題がなくなれば、またすぐに次の問題が起こります。

それをなんとかしたいと思って、人は悩みます。なかには、起きた問題を必要以上に大きく捉えて、鬱々《うつうつ》としてしまう人もいます。問題はあってはならないもの、という気持ちが強すぎるのです。

しかし、問題のない人生など、どこにもありません。問題がなくなるのは死ぬときです。

言い換えれば、問題があるのは生きている証なんです。一日中、何も考えずに寝っ転がっているだけなら、それで生きていけるなら、問題など生じません。何らかの目的意識があり、「自分はこうしたい」という強い気持ちがあるのに、いまはそうなっていないから問題だと感じる。つまり、抱えている問題が大きければ大きいほど、あるいは多ければ多いほど、真剣に生きているということです。だから、問題があることを喜んでください。

そうはいっても本当に問題だらけで困っているんだ、という人は、その問題がなぜ生じているのか、自分でよく考えてみてください。

たとえば、「一〇〇〇万円あれば会社が興《おこ》せるのに一〇〇万円しかない。問題だ」と思うのは、起業したいという夢や希望があるからです。「あの部下はちっとも俺の言うことを聞かない。けしからん、問題だ」と思うのは、部下に対する期待が大きすぎるからです。

将来の夢や希望があるのも、部下を育てて成長させたいと思うのも、あなたに意欲があるからです。意欲があるのは、一生懸命に生きている証拠です。いいじゃないですか。そういう解決しがいのある問題がなければ、人はまったく情熱も意欲も生まれず進歩しません。

一方、問題だと思っていることも、よく考えれば問題ではないこともあります。

たとえば、昨日は一本も契約を取れなかった。それが昨日だけでなく今日も明日もその先もずっと続くようなら、あなたの営業のやり方に何か原因があるわけですから、これは問題です。しかし、昨日は駄目でも今日は契約が取れたのなら、それは問題ではありません。昨日はやり方が何か間違っていたかもしれないし、たまたまだったかもしれない、というだけの話です。

また、ものの見方を変えれば問題が問題でなくなることもあります。

たとえば、長いこと仕事をしていると、自分が希望しない「不本意な異動」に見舞われることもあります。赤字の部署や子会社に送られた人は、「俺はついてない」「左遷じゃないか」「もう終わったな」と思うでしょう。しかし組織の理論として、能力のない人間に厳しい仕事をさせることはありません。能力があるからこそ、つらい仕事をさせたり、うまくいっていない部署に「立て直してこい」と送り込んだりするのです。

人は仕事で磨かれる――これは私の信条です。つらい仕事ほど人を成長させます。ですから、誰もやりたがらない厳しい部署への異動は歓迎すべきだと思っています。お金をもらって成長させてもらえるうえに、厳しい職場でつらい体験をすれば弱い人の立場もわかるようになるのですから、「問題」ではなく、むしろ「好機」と捉えるべきです。どん底にある部署なら、なおけっこう。失うものは何もない。あとは前進あるのみです。

一方、新入社員の中には、いわゆる花形部署に配属されなかったために、やる気をなくしてしまう人もいます。なぜなら、「自分はこれからいまと同じ仕事をずっとやるんだ」

と思っているからです。そのため、「五〇歳になってもこんなことやっているのか」と、くさってしまう。しかし、それは思い込みにすぎません。実際には、経験を積むにつれて仕事の幅が広がり、奥行きが深くなっていきます。五年後、一〇年後に同じ仕事をしていることは、まずありません。どんな部署に行ってもチャンスは必ずあります。

私が入社したとき、希望したのは鉄鋼部門でした。当時は「鉄は国家なり」の時代で、鉄鋼部門が花形部署だったんです。ところが配属されたのは、聞いたこともない油脂部。鉄鋼部門に配属された同期は、入社一年もしないうちにパリッとした服を着て飛行機で海外に飛び、いっぱしの商社マンのような顔をして華々しく仕事をしているのに、こっちは毎日机に向かって地味な仕事です。でも、つらいとは思いませんでした。食料部門の仕事は、農作物の買い付けから加工、販売まで全部自分たちでできるので、最も商社的なのです。真剣に仕事に向き合ううちに「これぞ商社の仕事だ」と実感し、どんどんおもしろくなっていきました。やりがいのある仕事になるかどうかは、自分の取り組み方次第なのです。

入社当時に希望した鉄鋼部門は、最近は元気いっぱいですが、一時は長い不況が続き、つらい思いをした社員も多かったはずです。どんな会社や部署にも栄枯盛衰はあります。入社してから定年になるまで、ずっと調子がいいケースのほうが稀《まれ》なのです。

こうしたことがわかるようになると、ものの考え方や仕事の見方が変わっていき、以前は問題だったことが問題ではなくなることもよくあります。「問題だ、問題だ」と自分が悩んでいたことすら、忘れているかもしれません。

私は、問題を抱えて相談に来た人に、よくこう言います。

「失敗しても死ぬわけじゃない。生きていればチャンスはいくらでもある。心を強く持って前向きに考えていれば、問題を解決する答えは必ずどこかで見つかるんだ」

ただ、人間一人の力はたかがしれています。問題の解決にあなたを導いてくれるのは、他人への想像力と共感です。その源泉となるのが、読書と経験です。いろいろな本を読み、いろいろな経験をしていくと、「なーんだ。こんな問題はどこでもしょっちゅう起きてるじゃないか」と気付くようになります。

特に、読書から得た知識や考え方、想像力は大きな力になります。多くの本を読み、先人たちの知識や経験から学ぶことによって、問題解決の突破口を開くような気付きや、心の強さを得てほしいと願っています。

第二章　仕事と人生

社長になっても、会社を辞めればただのオジサン。

何のために働くのか——。これは、私たちが生きていくうえで非常に重要な命題です。何のために働くのか、働くことで得る喜びや幸福とは何なのか。自分なりに納得できるようにしたいものです。さて、あなたは自分の心にどう答えるでしょうか。

周りから褒められて認めてもらうため？　そんなことのために仕事をしていたら、褒められるために上司にゴマをすり、周りに対するアピールだけがうまい、つまらない人間になってしまいます。悪いことをしても、それが上司にとって何らかの利益になれば、上司は褒めてくれます。それがあなたの喜びなんですか？

「スキルアップ」して、自分の仕事を間違いなくやれるようになるため？　若いうちは、まあそれでいいと思います。でも、それが最終的な人生の目標ですか？　そんなもの、そのうちにＡＩ（人工知能）が全部やるようになるかもしれません。

ガンガン稼いで金持ちになるため？　そりゃあ誰だってお金はないよりあったほうがいい。しかし、そこに生涯の喜びを感じるというのは、いかがなものでしょうか。夜中に押し入れから札束を取り出してニヤニヤしながら数えているような人間。他人から見れば気味悪い行為です。

ある調査では、年収七〇〇万円を超えるあたりから、それ以上年収が増えることは幸せの尺度にならない、という結果が出たそうです。たとえば、年収七〇〇万円の人が一〇〇〇万円になったら三〇〇万円増えたぶん幸せ度が高くなるかといえば、そんなことはほとんどない。それよりも、年収四〇〇万～五〇〇万円の人が一生懸命努力して欲しかったものを自分の力で手に入れたときの幸せ感のほうが高いというのです。

ニューヨーク駐在時代の私は、周りのアメリカ人に比べて給料が少なく貧乏でした。欲しい物があっても高くて買えない。一生懸命お金を貯めて、ようやくワイフが腰を痛めずに炊事ができる台所にしたときには、ものすごく大きな喜びを感じました。自分ではなく家族が喜んでくれる喜びです。そういうささやかな喜びの積み重ねによって人は「ああ、幸せだな」と思えるのではないでしょうか。「お金＝幸福」なのではありません。

「いや、俺は金のためではなく、出世して偉くなって権力を持ちたいから一生懸命働いているんだ」と言う人もいるでしょう。しかし、「俺は社長だ。俺が全部決めているんだ」と威張ることで、本当に何かいいことがあるんだろうか。甚《はなは》だ疑問です。

私は社長をやり、会長もやりましたが、それによって自分の人生の頂点で幸せになった感覚はまったくありませんでした。社長や会長になったって、辞めればただのオジサンです。会社を辞めて爺さんになって、その辺を弱々しく歩くようになったら、ヒラも会長も一緒じゃないですか。「そんなに周りから偉い人だと思われたければ、背中に〝何とか会社の社長〟と書いた名札かなんか貼って歩いたらどうだ」と、私はよく言うんです。

お金や名誉や権力なんて、一時的な欲望を満たしてくれるものにすぎません。たかがしれたものです。では、人間は何のために働いているのでしょうか。

仕事の対価として、ほどほどの金銭的報酬を超えれば、あとは「人間としての成長」だと私は思います。仕事を通して人間としてどれだけできあがっていくか、ということです。

私に言わせると、「仕事は人生そのもの」です。人生から仕事をとったら何も残らない、と言ってもいい。仕事をすると、喜び、悲しみ、怒り、やっかみ、ひがみなど、さまざまな思いを味わいます。あらゆる感情が経験できるのは仕事以外にありません。働くことを通して、人はさまざまな経験を積み、人間への理解をよりいっそう深めていける。それが人としての成長です。

働くことで得る喜びや幸福は人それぞれ違いますが、ほとんどの人は精神的な部分が満たされたときに感じると思います。

私にとっての人生の大きな喜びと幸せは、チームが一丸となって困難な仕事を達成したときに得られる、「皆と分かち合う喜び」でした。言い換えれば、「感激・感動・感謝＝ワクワク・ドキドキ・心のきらめき」です。困難や苦しみが大きければ大きいほど、分かち合う仲間が多ければ多いほど、この喜びは深くなり、長く続きます。喜びと悲しみを共有できた仲間や家族こそ、人生の財産だと思います。

振り返ると私の人生は、「ワクワク・ドキドキ・心のきらめき」をひたすら追い求めるものでした。一度この喜びを味わうと、またそれを味わいたい、もっとしっかりと生きてさらに広く奥深い感激・感動や、涙にむせぶほどの喜び、悲しみ、悔しさを、多くの仲間と共有したい。そういう機会にまた巡り合いたいと思うのです。

もう一つの喜びは、自分が課長のとき、部長のときに、それぞれの部下が喜んで仕事をして健康で生活し、「この上司と一緒に働いてよかった」と思ってくれることです。社長にとっても、社員が「この会社で働いてよかった」と思ってくれることがいちばんの幸せです。いくら給料をたくさん払っても、とにかく儲けさえすれば優遇してやるという姿勢では、「この会社で働いてよかった」とは思ってもらえないでしょう。

嘘をついたり、騙したり、人の心を傷つけたりすることなく、心の底からこうした喜びや幸せを味わった人は、死の床についたときに、「ああ、俺の人生はよかった」と、深い満足感に包まれるのではないでしょうか。
そういう人生にしたい。そういう人に私はなりたいのです。

金銭的報酬を追いかけて仕事をする人は、サラリーマンのプロになれない。

仕事には「見える報酬」と「見えざる報酬」があります。

「見える報酬」とは給料です。働く者にとって給料はとても重要です。仕事の対価として、きちんと支払われるべきです。しかし、給料だけでは測れないものがある。それが「見えざる報酬」です。「見えざる報酬」とは、形に表れない心や精神面を指しています。

たとえば、困難な仕事をやり遂げたことで視野が広がった、自分なりの価値観を持つことができた、感動を分かち合える仲間に出会えた――。これらは、自分自身の成長という「見えざる報酬」です。人は、仕事で悩み、苦しむからこそ成長できます。周りが嫌がる仕事を引き受けて、それを前向きに捉えるところにグレードアップの可能性があるのです。

また、自分たちがやっている仕事が会社のために大きな力になっている、人の役に立っている、社会のためになっている、という実感も「見えざる報酬」です。こうした報酬を得ると気持ちが明るくなり、働く意欲がますますかきたてられて表情も生き生きとしてきます。

少し文学的な表現になるかもしれませんが、働くとは「見返りを求めない愛」と同じかもしれません。見返りを求めず、会社が成長して大きくなっていくように全力を尽くす。社会のために尽くすことにもなります。それを喜んでくれる人がいて、その人たちの喜びが自分の喜びになる。「見えざる報酬」とは、こういうことでもあると思います。

もちろん、会社はあなたに期待して、それなりの成果を上げることを求めていますから、あなたもそれなりの見返り、つまり報酬を求めるのは当然のことでしょう。しかし、最初から「お金ありき」ではないということです。状況や内容にもよりますが、「見返りを求める愛」は卑しいと思われがちです。仕事に対する「見える報酬」をいちいち求めるようでは自らの成長に限界があります。

たとえば、大リーガーの大谷翔平《おおたにしょうへい》選手が練習をするとき、「この練習メニューをこなせば報酬がこれだけ増えるぞ」と考えているでしょうか？　そうではないでしょう。金銭的な見返りを求めるのではなく、仕事を通してファンに喜んでもらいたい、感激・感動を共有したいという思いで、その都度その都度、練習に全力を出し切っているからこそ、あれだけのバッティングとピッチングができるのだと思います。

サラリーマンも同じです。「この仕事をやれば、これだけ給料がアップするぞ」ということを先に考えているようじゃ、とてもまともな仕事にはならないし、上司からも評価されません。その都度その都度、最大限の力を出し尽くして仕事をしていれば、「ここぞ！」という勝負どころで最高の「パフォーマンス」を発揮して、チャンスをものにできる。お金という「見える報酬」は、それについてくるんです。

プロの仕事というのはそういうものです。全力も出さずに「金さえ入ればいい」「金がすべて」と思っているようでは、いつまで経っても仕事のプロにはなれません。

だから私はよくこう言うんです。

「逃げる相手をいくら追いかけても恋愛は成就しないだろう。仕事も同じだ。お金を追いかけて仕事をするようでは、永遠にお金を摑むことはできない。だから追いかけなくてよろしい。追いかけない人には、お金が後ろからついてくるんだよ」

サラリーマンに限らず、どんなジャンルでも仕事をやる以上は、そういう気持ちでいることが大事なのです。

仕事にどんな喜びを求めるのか、働く意欲をかきたてるものは何なのかは人それぞれですが、少なくとも単なる拝金主義で幸福を感じられるほど、人間も、人生も、仕事も、単純、浅薄なものではありません。

夢を持ちたいなら、自分の頭で考え、自分で行動しろ。

インターネットの普及によって、日本の就職活動や就職試験は大きく様変わりしました。ひとことで言えば、就職活動がビジネス化したのです。

以前の就職活動は、大学の就職課に貼り出された求人票や企業の求人パンフレットなどを見て、自分で企業に連絡をとり、会社説明会に行って入社試験を受けるのが一般的でした。私が学生の頃はもっと簡単。「お宅を受けたいです」「はいどうぞ。試験は何日にあるので来てください」。試験を受けると人事部から合否の連絡がある。それだけでした。

ところがいまは、学生は「就職ポータルサイト」なるものに会員登録し、そのサイトを経由して企業に「エントリーシート」や履歴書を送り、会社説明会や入社試験の予約をするのが普通です。こうしたサイトを運営するエージェントはいくつもあり、それぞれのエージェントではエントリーシートや履歴書の書き方、面接の受け方などを教えてくれるので、そこへ相談するのが学生の間では当たり前になっています。

エントリーシートや履歴書なんて自分で考えて書けばいいだろうと私は思うんです

が、学生の多くはどうすればいいかわからない。要は、自分の頭で考えることが苦手なんです。大手企業にいる知人から聞いた話では、一流大学の学生もエージェントを頼っているそうです。

これには大学側の事情もあるでしょう。ことに私立大学は学生数が非常に多いので、就職課で履歴書の書き方までいちいち教えていられません。しかし、インターネットではエントリーシートや履歴書を本人が書いているかどうかわからない。ひょっとしたら、親に書いてもらう学生や、アルバイトを雇って書いてもらう学生もいるかもしれません。

大企業の中には、就職ポータルサイトにしか求人情報を出さないところも多いそうです。たとえば、大手企業のA社を希望する学生が一万人いたとします。A社の人事部ではそんなに多くの希望者を相手にできないので、まず各エージェントが書類審査で一万人を三〇〇〇人ぐらいに絞り込む。どういう基準で絞り込むのかはわかりません。次の一次面接でも、各エージェントが入社試験の成績順に整理する。それをA社の人事部が参考にして二次面接などを行い、最終的に一〇〇人の学生を採用する。A社は各エージェントに対して、採用入社した学生一人当たりにつき何十万円かのお金を払うというシステムのようです。具体的な金額を私は知りませんが、それを仕事にして肥えているエージェントがあるわけです。

こうして新卒学生が会社へ入ってくるわけですが、「就職戦線を勝ち抜いた人間とはとても思えないような連中ばっかりだ」と知人は言っていました。一方、中小企業はこうしたエージェントを使う金銭的余裕がないので、入社試験を受けに来るのは何から何まで自分で考えて準備してきた学生です。だから、中小企業のほうがしっかりした若者がいるかもしれません。

ことほどさように、いまの就職試験は昔とまったく違っています。大企業に入ってくるのは癖のない「良い子」ばかり。新入社員それぞれの癖を見抜いて生かすことなど、望むべくもない。だから「同一労働同一賃金」という考え方が広がるのでしょう。

しかし、同じ仕事をしてもお金で評価できないものもあります。人間としての奥行き、深み、幅広さなどによって人それぞれの労働には独自の価値があり、それはお金以外のもので評価しなければならない。すべてお金で評価できる労働なら機械がやるのと一緒です。機械と同じ仕事では、心のこもった製品やサービスは提供できないし、働く本人の能力も伸びません。そんなことをやっていたら日本の会社はおかしくなってしまうと、私は思っています。

だからこそ、何でも自分で考えて行動すること、勉強して成長していくことが大事なんです。それをやるうえでは、「自分は何がしたいのか？　何のために生きているのか？」

が原点となります。残念なことに、この問いに答えられる若者が少ないように思います。

たとえば若者の中には、「本当は医者になりたかったけど、労働時間が長くて給料もたいしたことがないから」といった理由で大企業に入社する人もいます。医学部に入ったとしても、「何のために医者になるのか」という部分が希薄になっている。病気で苦しんでいる人を救いたいとか、国民の健康に貢献したいとか、高尚な夢を語っている時代じゃない、そんなことはどうでもいいから、有力な教授の部下になるか、留学してハクをつけて帰ってこよう、という考え方の人が増えているのではないでしょうか。

商社も同じです。私の友人の話では、一〇人ほどの新人を集めていろいろと話し合いをして、「海外で仕事をしたい人は?」と訊くと、手を挙げたのは女性一人だけだったそうです。「何のために商社に入ったんだ?」と訊くと、「給料がいいからです」と答えます。商社は給料がいいし、3K(きつい・きたない・危険)でもない仕事をしているように外からは見える。それで入ってくる人が多いようです。いったいきみたちの夢は何なんだ。友人は、そう思わざるを得なかったと言います。

これからの日本で私がいちばん心配しているのはそこです。若い人たちに夢がない。「仕事でこんなことがしてみたい!」と、目をキラキラ輝かせている人が極めて少ないのです。

もし、あなたが夢を持てない若者の一人なのだとしたら、なぜ夢を持てないのか、どういう条件だったら夢が持てるのかを考えてみることです。たとえば、夢を持てるようになるにはお金が要りますか？　そう思うのであれば、とりあえず金儲けを目標にしなさい。お金を儲けるだけなら、やり方もいろいろとあるでしょう。大学を出ないと夢が持てないと思うのなら、大学へ行きなさい。

どうすれば夢が持てるかまったくわからないなら、とにかく日本の外へ飛び出してください。海外の大学に留学するもよし、どこかの国を旅するもよし。たとえばインドに興味があるのなら、インドへ行ってみればいい。行ったところで何が得られるのか半信半疑かもしれませんが、私に言わせれば、「そんなことをゴチャゴチャ考える前に、行け！」なのです。

一歩踏み出して外の世界に出れば、景色が変わります。景色が変われば、意識も変わる。インドの路上生活者を見て、自分がいかに恵まれた環境で暮らしているかわかり、その恵まれた環境を生かして何かできないかな、と考えるようになるかもしれない。外から日本を見たら、こんな日本じゃ駄目だという意識を持つようになるかもしれません。

お金があまりないなら、食うや食わずの生活を覚悟して、海外でいまとはまったく違う環境に身を置いて一人ぼっちで考えてみるのもいい。それぐらいの勇気を出せば、自ずと意識は変わり、自分の課題も見えてきます。それこそが将来のある若者の人生の特権というものでしょう。

夢や目標は働きながらつくっていけばいい。

厚生労働省の調査によると、大卒の正社員が入社三年以内に会社を辞めてしまう割合は三人に一人という状態が長く続いています。どうしてそんなに多くの若者が辞めてしまうのか。理由はさまざまですが、二〇一四年九月に発表された同省の調査結果では、「仕事が自分に合わない」が一八・八%で第三位でした（「平成二五年　若年者雇用実態調査」）。

以前、私は会社を早期離職したある私立大学の卒業生十数名に会って、会社を辞めた理由を直接訊いたことがあります。そのときにも、「やりたい仕事が見つからない」という、似たような理由が挙がりました。

こういう人に、「じゃあ、あなたに合った仕事って何ですか？　きみはどういう仕事がやりたいの？」と問いかけると、じつは本人にもわかっていないんです。インターンシップやアルバイトを経験したくらいで本格的な仕事をしたこともない人に、たった二年か三年でその仕事が自分に合っているか、やりたい仕事なのかなんてことが、わかるはずがない。

人間というのは、まずは繰り返し繰り返し、同じことをやっていくことで成長していきます。同じような仕事を地道に何回も繰り返さなければ、本当に自分の血肉にはなっていきません。

ただ、若い人にとって、そういう生活は刺激がなくて退屈に感じます。昨日も今日も明日も似たようなことを延々とやらされる。ぜんぜんおもしろくない。そのうちに、この仕事は自分に合わない、自分のやりたい仕事じゃないという気がしてきて、まだ成長への一歩を踏み出したばかりなのに、「こんなことやってられるか」と会社を辞めてしまうわけです。

そこに気付かないと、次の会社に行ってもまた同じ理由で辞めます。さらにその次の会社も辞める。そうやって年齢を重ねていき、とうとう本当の仕事の楽しさや喜びを知ることなく人生が終わってしまった、ということになりかねません。

他方、早期離職の理由として「仕事に夢や目標を持てないから」と言う人もいます。

私は、夢というのは働く経験を通していろいろと出てくるものだと思います。目標は、実際に自分が働く中でつくっていくしかありません。だからまず、与えられた仕事を他の人より速く、正確にやっていくことが大事です。間違えたときには素直に謝ればいい。そうやっているうちに、仕事はどんどん奥深くなっていきます。「なるほど、おもしろいな」と思えば、もっともっとその仕事の勉強をしたいと思うようになる。こうして夢や目標が見つかったとしても、努力なしにそれを達成することはできません。そう覚悟して努力を続けていくのです。

かく言う私も会社に入った頃は、さしたる夢も目標もありませんでした。そもそも私が商社を受けたのは、就職活動の解禁初日に入社試験があったからなんです。大学時代は学生運動に時間を費やしていたので、どうせどこも不合格となるだろうと思って一番早い入社試験の会社を受けました。じつは商社が何をしている会社かもよく知りませんでした。仮に受かっても、学生運動をやっていたことがわかって内定を取り消されるだろうと思っていました。

ところが、なぜか合格。内定取り消しの通知も来ず、本当に採用されたのか半信半疑で入社したのですから、仕事に夢や目標など持っているわけがない。なんとか仕事を続けるうちに、おもしろさや奥深さがわかってきました。

周りには「世界を飛び回って活躍したいからこの会社に入ったんだ」と言う人もいましたが、そういう格好いい理屈というのは、私には残念ながらなかった。

だから、いまは夢や目標がない人でも、一生懸命に仕事をしていく中で見つけていけばいい。私は、そう思っています。

きみはアリになれるか。
トンボになれるか。
人間になれるか。

かつて作家の城山三郎《しろやまさぶろう》さんと対談したときに、伊藤忠の入社試験の際こんな質問が出ていたようだが知ってますかと、次の言葉を教えてもらいました。

「きみはアリになれるか。トンボになれるか。人間になれるか」

この言葉は、社会人として進むべき段階を示しています。

「アリ」とは、入社してから一〇年くらいの間のことです。最初は、誰もが会社の仕事については真っ白な状態で入社してきます。ビジネスマンとしてはまだヨチヨチ歩きで、目の前の物を運ぶことだけで精一杯。広く世の中を見渡すこともできない小さな存在です。しかし、「アリ」のように地を這い、泥にまみれて、がむしゃらに目の前の仕事をこなしていけば、少しずつ知識が増えていき、常識も身に付いていきます。

この「アリ」の時期を過ぎ、三〇代前半を迎える頃になると、ようやく仕事の何たるかが少しわかるようになります。ここから四〇代前半までが「トンボ」の時期です。

「トンボ」とは、複眼的な視点でものを見ることです。いままでは目の前の仕事をこなしていくだけでしたが、もっといろいろな視点で多角的にものごとを見る力を身に付けなければならない。たとえば、会社の利益になると思っていることも、じつは信用を失うようなリスクをはらんでいるかもしれない。あるいは、お客様にはこうしたほうが喜ばれるのではないか、これまでの仕事のやり方よりもっといい方法があるんじゃないか……と、さまざまな可能性を探る姿勢、あらゆる角度から仕事を検証する視点を持つことが、「トンボ」になるということです。当然のことながら、「アリ」の時期以上に猛烈に勉強しなければならないでしょう。

そこで学んでいくうちに、自分の担当する仕事の重要性や部署全体のことなどを、大所高所から判断できるようになっていきます。それを経て、会社のリーダーに近づいていく四〇代後半から五〇代にかけては、「人間」の時期です。

ここで言う「人間」とは、ロボットではない、血の通った温かさ、自分自身をコントロールできる力、部下や後輩を思いやる優しさ、皆をぐいぐい引っ張っていく力強さを身に付けるということです。自分ではなく他者を思いやる「利他の精神」を持つ。それが「人間になる」ということです。

そのためには精神的にも鍛錬を積み、どの会社にとっても最大の資産である人間というものをさらに勉強する必要があります。たくさんの部下を抱えるようになり、信頼関係を築いた得意先だってあるはずですから、自分の仕事だけしていればいい、というわけにはいきません。自ずと人間というものの本質を探っていく必要に迫られます。人を知ることは、経営の極意でもあるのです。

「アリ・トンボ・人間」ということの成長段階は、誰もが通る道だと私は考えています。しかし、必ずしもすべての人が「人間」になれるわけではありません。もしかしたら、「トンボ」の時期で終わってしまう人もいるかもしれません。棺桶に片足を突っ込んだ頃にはじめて「人間」になれる人もいれば、若いうちに死にものぐるいで努力を重ねて早い時期に「人間」になれる人もいるでしょう。

ただ、いずれにしても大事なのは、「アリ」の時期をどう過ごすかです。「人間」の基礎は、「アリ」の時代につくられます。この時期に身を粉にして働いた人は、「仕事が自分に合わない」などとゴチャゴチャ言う人よりも、はるかに実力を付けることができるんです。

パソコンもない時代の話ですが、ある大銀行の元頭取は新人時代の一年間、毎日封筒のあて名書きばかりやらされました。しかし、それが自分の銀行の重要な客先を誰よりも知ることにつながり、人生の後半で役立ったと、後年気付いたといいます。どんな仕事にも意味がある。そして、退屈で基礎的な仕事を長くやった人ほど、実際のビジネスの場面で飛躍的に伸びることがあるのです。

会社側からすれば、入社一、二年目の社員がやっているのは、ままごとのような仕事です。雑務をこなしているだけで、会社に利益をもたらすことはありません。入社三年目ぐらいから、ようやく使えるようになってきて、給料を支払ってもいいかな、というレベルに達します。それまでは、「給料」という名のお小遣いを渡して仕事を教えているようなものです。

だから私は新入社員に冗談でよく言うんです。

「きみたちが給料をもらうなんて話が逆だろう。会社がもらいたいぐらいだ。授業料、持ってこい」

新入社員を受け入れる会社としては、そういう感覚でいるわけです。

しかし中には、自分の周りだけを見て「俺はこんなにできるんだ」と勘違いする若者や、「雑用ばかりやらされて退屈だ」「給料が安い」などとぼやく若者がいます。とんでもないことです。はっきり言いますが、入社してすぐの新入社員というのは一歩外へ出たら、いてもいなくてもどっちでもいいような存在なんです。会社はそれを一生懸命に教育し、おまけに給料まで出しているというのに、仕事が退屈だの給料が安いだのと言うなんて、冗談じゃない。

「アリ」の時代に習うことは仕事の土台で、それを欠くとその後の仕事は砂上の楼閣になりかねません。「お金をもらって勉強させてもらっているんだから、何でも興味を持ってやってみるほうが得だ」と考えれば、いやいや働くより何倍も仕事のやり方が身に付くでしょう。

能力や適性に大差はない。開花するかどうかは、「どれだけ努力したか」の違いだけだ。

若い読者の中には、「一〇年間もアリのように泥にまみれて働くのか……」と、ため息をついている人もいると思います。しかし実際には、「お金をもらって勉強させてもらう」時期は最初の数年です。とにかくその間、一生懸命に働くうちに、だんだんと会社の実情や社会の仕組みといったものが見えてきます。尊敬できる先輩や上司との出会いもあるでしょう。

そうして三年ほど経てば、少しずつ責任ある仕事を任され、そこに仕事のおもしろさや喜びを見出せるようになります。そうなれば物事はうまく進むものです。喜びがあるんだから、泥にまみれてもそれほど苦ではなくなり、ますます「アリ」のように働けるようになるんです。

だから、たった一年や二年で「自分はこの仕事には向いていない」と辞めてしまうのはもったいない。人は皆、何事でもできる能力を備えているのです。

人間のヒトゲノムは約三〇億の塩基対のDNA（デオキシリボ核酸）からなり、そのうち九九・九％は誰でも同じ遺伝情報を持ち、人間としての個体差はわずか〇・一％（三〇〇万個）だといいます。ほとんどの人が同じ遺伝情報を持っている。だから人間の能力や適性にもほとんど差がない、というのが私の考えです。

ではなぜ、能力を大きく開花させる人と、花が開かずに終わってしまう人がいるのか。それは、一にも二にも三にも「どれだけ努力したか」の違いです。九九・九％の遺伝情報は同じわけだから、あとは努力の差です。

もちろん、私たちがイチロー選手や大谷翔平選手のような野球選手になるには、あるいは将棋界で史上初の永世七冠を達成した羽生善治さんや、囲碁・将棋界を通して史上初の二度の七冠を達成した井山裕太《いやまゆうた》さんのような棋士になるには、よほどの能力や適性がないと難しいでしょう。そこに〇・一％の違いがあるわけです。

ただ、彼らも努力なしで才能を開花させたわけではありません。私たちとは違う遺伝情報と、膨大な努力の積み重ねが合わさった結果、あれだけの才能を開花させたのではないでしょうか。たとえば井山裕太さんは、中学一年でプロの囲碁棋士になるまでに、なんと師匠と一〇〇〇局以上打ったそうです。囲碁の世界では通常、師匠が弟子と碁を打つのは入門したときと独立するときの二度だけといわれますが、井山さんは幼い頃から「師匠との一〇〇〇局対決」という努力の積み重ねによって、持って生まれた才能に磨きをかけていきました。

人間が自分の能力を伸ばせるかどうか、成功するかしないかは、努力以外にありません。

努力を続けていけば、あるときに「ドーッ」と能力を発揮し、もっともっと大きな仕事ができるようになるかもしれません。第一章で述べましたが、DNAのランプがポッと点くわけです。「俺の仕事はこんなものだ」と努力をやめたら、DNAのランプは消えて元に戻り、それまでの努力は水の泡になってしまいます。

私自身のDNAのランプが最も大きく点灯したのは、業務部長になったときでした。社長を補佐し会社の事業全体を見る役目で、責任は大きい。社長直属の役員のすぐ下に位置するので、一般的には「社長の登竜門」と言われるのでしょうが、私に当てはまる言葉ではありませんでしたし、その自覚も乏しいものでした。しかし、事業全体の良い情報も悪い情報も業務部長のところに集まってくるので、「お前がそういうものを受けて立て」ということだったのでしょう。その意味で、会社は私が続けてきた努力をある程度評価し、信頼してくれていたんだと思います。

入社して油脂部に配属された当初は、簡単な翻訳や上司が書いた文書の清書、見積書の検算などの雑用ばかりで、じつは私も「会社を辞めようか」と悩んだ時期がありました。けれど、ニューヨークに赴任して仕事が広がり、帰国後は食料部門全体、さらに業務部長になってからは会社全体へと、仕事の分野がどんどん広がっていきました。

人と同じように努力しているって、どうしてわかるの？

私は高校生や大学生に講演をするときも、「努力をやめちゃいけない」と言い続けています。すると学生の中には、

「同じ授業を受けて、同じように努力しているのに、友達はいつも上位一〇位以内の成績。私はいつも三〇番前後です。やっぱり努力だけじゃなく才能の問題じゃないですか？」

と質問する人もいますが、私はこう答えます。

「同じように努力しているって、きみにはどうしてわかるの？」

友達はきみの知らないところで、きみの二倍も三倍も勉強しているかもしれない。同じ塾へ行っていても、友達は塾から帰ってさらに勉強しているのに、きみはやっていないんじゃないか？　集中力も違うかもしれない。きみは授業中に別のことを考えていないか？

人間の能力は九九・九％同じなんだから、努力の違いが必ずあるはずだ。だからま

ず、いまの倍くらい勉強しろ。たくさんやっていれば勉強の仕方も自分で会得できる。そういうこともやらないで、私は勉強ができない、才能がないなんて簡単に言うな――。

仕事も同じです。いまの仕事が向いているかどうかよりも、自分は本当に努力しているかを先に考えるべきなんです。本当によく努力している人は、会社がちゃんと見ています。「この仕事を頼む」と、必ず上司が言います。だから修業だと思って努力を続けてください。はじめは苦痛かもしれませんが、毎日続けるうちに仕事が楽しくなっていくはずです。

元巨人軍監督の川上哲治《かわかみてつはる》さんは、現役時代に「打撃の神様」と呼ばれました。監督時代にV9を達成し、巨人軍の黄金時代を築き上げた人でもあります。「打撃の神様」と呼ばれた秘訣も毎日の努力です。彼は、多摩川の練習場で三〇〇球ひたすら打ち続けたことがありました。そのとき、ボールが止まって見えたといいます。

私は川上さんと一緒にお酒を飲みながら歓談したことが何度かあります。彼は、この多摩川とボールの件にからんで、このように話してくれました。

練習には三段階ある。第一段階は、基本練習をとことんやることです。疲れて倒れるまでバットを振り続ける。もっとも、プロならばそれは誰でもやることでしょう。彼のすごいところは、疲れて倒れても立ちあがってまだ練習を続けたこと。これが二段階目です。それをさらに続けて疲れを超越すると、今度は我を忘れるといいます。これが三段階目で、「三昧境《さんまいきょう》」という境地です。とにかくバットを振ることが楽しくて、疲れも苦しさも忘れてしまう。この境地に達するまで練習を続けた結果、バッターボックスに立ったとき、ボールが止まっているように見えたといいます。

仕事も、「三昧境」に到達するぐらい努力を続ければ、苦痛ではなく楽しいものになっていくといいます。なぜなら、努力の結果、いい成績を上げて、「お前、なかなかやるな」と褒められるからです。給料も増えるかもしれないし、同期より早く昇進するかもしれない。そういう「見える報酬」によって仕事が好きになる人がいるのは事実です。

しかし、そこには落とし穴もあります。あまり褒められてばかりいると、褒められることが仕事の目的になってしまう、ということです。

たとえば、毎年増収増益を達成している優秀な部署で責任のあるポジションに就いた人は、増収増益を続けられないと「こいつは使えない」と左遷されてしまうかもしれない。あるいは、「お前に代わったとたんに駄目になったじゃないか」と言われてしまう。悩んだ本人は、褒められたいがために邪心が芽生え、増収増益を装うために粉飾をしたりするわけです。

失敗がなくいつも褒められている人や、あまりにも成績が良すぎる部署や企業が陥る罠は、そこにあります。「小さな失敗は大いにせよ」と私が言うのは、そういう意味でもあるんです。

努力を続けて自分の仕事を楽しいと思うようになり、一生懸命やった結果として良い成績が出るというのが、本来あるべき姿です。

川上哲治さんも、これをやれば三割打者になれるとか、首位打者になれるといった邪心を持たず、三〇〇球打ち続ける努力をひたすら無心で積み重ねたからこそ、ボールが止まって見えるようになり、「打撃の神様」と呼ばれるまでになったのです。

邪心があったら本当のプロにはなれない。そういうふうにものごとを考え、DNAのランプが点くまで無心で努力を続けていくことが大事です。

ただ、DNAのランプが点くのは一ヵ月先なのか、一年後なのか、一〇年先なのかは、誰にもわかりません。それには心の問題も絡んでいるからです。課長になる直前かもしれないし、部長になったとたんかもしれない。定年間近になってからかもしれない。あるいは、死ぬ間際にポッとランプが灯るかもしれません。それでも最後までやり続ける。それが素晴らしい人生というものではないでしょうか。

「くれない症候群」から抜け出せ。

何か意に沿わないことがあると、それは自分のせいではなく、上司が悪い、部下が悪い、会社が悪いと、「悪いのはあなた」式の考え方をする人がいます。こういう考え方をする人の多くは、「くれない症候群」に陥っています。

俺が実力を発揮できないのは上司が認めてくれないからだ。
仕事がうまくいかないのは同僚が協力してくれないからだ。
自分の技能が活かされないのは会社が公正に評価してくれないからだ。

もし、あなたが「くれない症候群」になっているのなら、「それは自分のせいではないか」と、一度頭を切り替えてみてください。

上司が認めてくれないのではなく、自分がきちんと仕事をしなかったり、サボったりしたせいではないか。同僚が協力してくれないのではなく、自分の努力が足りないせいではないか。会社が公正に評価してくれないからではなく、自分の技能が評価されるに足るレベルに達していないせいではないか。

人間というのは理屈の天才です。できない理屈、やらない理屈を挙げれば、いくらでも並べ立てることができます。しかし謙虚に振り返ってみると、何よりも自分自身に思い当たる節があるはずです。周りが悪いと思うのは単なる言い訳にすぎず、じつは自分に原因があるのではないかと自問してほしい。そもそも他人の行動は変えられませんが、自分の行動は自分で変えられるのです。それができるかどうかは、自分次第なのです。そしてそれは、必ず成長するためのステップとなるはずです。

私が見たところ、「くれない症候群」の若者は増えています。家庭でも学校でも過保護に育てられたため、ものごとが思い通りにならないと、「自分のやり方のどこがいけなかったのか」とは考えず、周りのせいにするのかもしれません。そのほうが楽だし、自分の自尊心も傷つかない。甘えを増長させた親や先生にも責任がある、と言えるでしょう。

近頃では、こうした人たちもうつ病になりやすいと言われています。

一般的に、うつ病と診断されるのは、人並み以上に生真面目で責任感が強く、何かうまくいかないことがあると、「自分が悪い、自分は駄目だ」と考えて落ち込み、ストレスをため込んでしまう人が多いと言われています。

ところが昨今は、「自分が悪い」ではなく「周りが悪い」と考えて不満をため込み、発病に至る新しい型のうつ病が、二〇～三〇代の人たちに増えていると指摘されているのです。こういう人が医師や心理カウンセラーに話を聞いてもらうと、「あいつが悪い」「あいつのせいで」と周囲に対する苛立ちをむき出しにし、不満をぶちまけるといいます。

また、会社にいるときはうつ状態なのに、退社後や休日は元気で、体調不良を理由に会社を休んで出かけていることもあるそうです。そのため周囲からは「心の病ではなく単なる怠けだ」と思われがちですが、本人は非常に苦しんでいるケースも少なくないといいます。

ことほどさように、何をもって「心の病」と判断するかは難しい。四〇～五〇年前の日本や、いまの中国もそうでしょうが、働く目的において食べることやお金を稼ぐことの比重が大きいうちは、心の病の問題は大きくなりません。豊かな世の中になったぶん、精神面の比重が大きくなってきたということでしょう。

これは私独自の考えですが、「きみは心の病だ」と言われると、本人はますます精神状態が悪くなっていくこともあるような気がします。

一方、気持ちが沈んでいるときや鬱憤を抱えているときに、周囲から「お前、すごいな」「天才じゃないか、きみは」などと褒められると、本人もその気になって、精神状態や性格までガラッと変わることがあります。私にもそんな経験がありました。

小学校時代の私は、真面目でおとなしく、両親や学校の先生から「これをやれ」と言われたら、何でも「はい、はい」と言われた通りにする優等生でした。

育ったのは名古屋市西南部の下之一色町《しものいっしきちょう》（現・中川区の一部）というところです。当時、我が家はこの町で唯一の本屋で、私はいつも「本屋さんの息子」と呼ばれていました。「本屋さんの息子」といえば、お行儀のいい模範生でなければなりません。田舎の小さな町なので、どこへ行っても何をしてもすぐにバレてしまい、悪いことなんかできない。しかも、店の屋号は「正進堂《しょうしんどう》」。正しく進む、というわけです。優等生の私は、「悪いことをしたら親に申し訳ない」「パチンコ屋なんかには絶対に入れないな」と思っていました。

ところが、中学生になると大きく変わりました。もう優等生じゃなくていいだろう、と思うようになったんです。きっかけは二つあります。一つは、遠足の作文を国語の先生に褒められて、「皆の前で読みなさい」と言われたことです。豚もおだてりゃ木に登るというように、私はすっかりその気になって、「将来は作家になるぞ」と思いました。

もう一つのきっかけは、中学二年のときに受けた職業適性テストです。そのテストには、大学教授、弁護士、コック、煙突掃除など二〇ぐらい職業が出ていて、私は全校生徒の中で唯一、すべての職業に向いているという評価だったんです。「一人だけ、ものすごい結果を出した人がいます」と、全校朝礼で先生に褒められました。

もっとも、これは当然と言えば当然の結果かもしれません。小さい頃から人よりたくさん本を読んでいたし、その頃は店の書棚に並んだ『夫婦生活』という成人雑誌や、古代ローマの詩人オウィディウスが書いた性愛指南書にちなんだ名前の月刊誌『あまとりあ』などもときおり読んでいました。同級生より知識が豊富で、かなり早熟だったんです。

それでも全校朝礼で褒められたことが嬉しく、「そうか、俺は何でもできるのか」と自信を持ちました。そして、「周りは皆、適当にやっているんだから、俺だってやりたいことをやるんだ」と思い始めたのです。

こうして私は、自由にいろいろな友達とも遊ぶようになり、いいことも悪いこともやるようになりました。高校時代は生徒会の議長をやり、名古屋大学に進学してからは前述のように学生運動にも参加し、法学部の自治会委員長や県学連の役員をやりました。女の子みたいにおとなしくて従順だった小学生の頃の私からは、まるで考えられません。

このように、人間というのは、何かがきっかけでガラッと変わるものなんです。

心の病はいろいろあり、その程度も人によって違います。しかし、なかには褒められることで自信を持ち、精神状態が好転する人もいるのではないでしょうか。

情熱が人を動かし、お金も動かす。

私が社長だった頃、ある部署の部長が、経営会議に新規事業の計画を出してきました。しかし、実現するにはリスクが高い。私は、「駄目だ。この部分の詰めが甘い。もっと調査してきなさい」と言って突き返しました。その部長は、「わかりました」と言って自分の部署に帰ろうとしました。そのとき、私はこう言いました。

「きみね、次は実際にこの計画をやっている者に説明させろ。若くても課長でも何でもいいから、今度は実際の企画担当責任者を連れておいで」

どの部署でも、新規の事業計画を実際にやっているのは課長クラスです。しかし、経営会議のような社長中心の会議には、「それでは失礼だ」という理由で、部長や本部長、あるいは役員クラスが説明に来ます。本当は失礼でも何でもなく、実際の担当者が説明するほうがずっとわかりやすいのです。それに、本部長にはそれほど情熱がないので、「この事業は儲かります」と説明はしますが、「きみが行ってやるのか?」と訊くと、「いや、私にはいろいろやることがありまして」と腰が引けてしまいます。計画している本人に説明させれば、ものすごい情熱を持っていて、「きみ、行ってやるな?」「はい!」ということになります。

　だから私は「偉い人は説明しなくてよろしい。これをぜひやりたいと計画した本人に説明させろ」と言っていたのですが、社長や専務の前で説明するのが怖いようで本人はなかなか来ません。私は、それをやんわり注意したわけです。

　その部署では、私が指摘した部分を調査し直し、修正した事業計画書を再び経営会議に上げてきました。今度は実際に計画をしている課長が説明し、部長は陪席していました。しかし、まだリスクは高い。私は、「この部分がまだ不充分じゃないか。もっと調べて出直してこい。こんなことじゃ仕事は成功しないぞ」と、再び突き返しました。

　たいていはこのあたりで、「これはもう駄目だ」と挫折してしまうものですが、一ヵ月ぐらいすると、その部署は再修正した計画書を会議に上げてきました。

「きみはこの間も来たな。計画は修正できたのか？」

　計画書を読むと、まだまだ不充分なところがあります。会社としては、大きなプロジェクトなので失敗するわけにはいきません。「いい加減にしろ。何回やっても直ってないじゃないか」と、私は三たび却下しました。

　普通なら、三回も駄目を出されたらもうその企画は出てきません。私も、三回やって駄目なら「もうやめろ」と言うことが多いんです。ところがその部署は、なんとかその事業をやろうという熱意に溢れていました。説明に来た部長と課長は、「いや、もう一度、最後まで詰めてきます。それで駄目ならしようがありません」と食い下がります。よし、わかったということになり、彼らは修正を繰り返して四回目を出してきました。

修正された計画にはまだリスクがあり、私はまた駄目を出しましたが、そのあと、「わかった。きみらがそこまでやりたいと言うなら、やってみろ。うまくいくかどうかわからんが、会社としてはきみらの情熱にかけよう。失敗したら俺が責任を取る」

と言って、ついにゴーサインを出しました。

社長として、何度駄目を出されてもあきらめずに食い下がる部下の情熱を大切にしたい。ここまで来たら彼らと同じ船に乗ろうじゃないか、と思ったのです。

計画にはまだ不充分なところがありましたが、私は「完璧な事業計画」を求めていたわけではありません。計画そのものは優秀な頭脳を持っている社員を集めればできる。むしろ、ここまで研究しても問題があると言われながら、なお「やりたい」と言う情熱としぶとさに動かされたのです。彼らならば、途中で困難が生じても、決してあきらめないだろう。最悪の場合は損をするかもしれんが、やれるだけやってみろ、という気持ちでした。

ゴーサインを出された部長と課長は、安堵して嬉しそうに階下にある自分の部署へ帰ります。エレベーターで下りていく間に誰かが部員に連絡したのか、二人が席に戻ると、皆が立ち上がり、拍手をして迎えたそうです。女性部員は涙を流して喜んでいたといいます。私は、その話を聞いて心から感動しました。

この計画が動き出すことを、部員全員が望んでいたのです。しかし、こんなに苦労して何日も徹夜して資料をつくっても、経営会議に上げるたびに戻される。社長が「駄目だ、駄目だ」と言って、いつになってもOKしない。「あのバカ野郎、ぶっ殺してやるぞ」と思うくらいだったかもしれません。それでもあきらめずに部が一丸となってゴーサインを勝ち取り、全員が立ち上がって拍手するくらいの感激を味わった。彼らはそれを生涯忘れないはずです。

そういう感動や感激、その根底に流れている心の共有が、事業には必要です。結果的に、この事業計画はうまくいきました。本人たちも死にものぐるいで取り組んだのですから、当然の結果と言えるでしょう。情熱が人を動かし、お金も動かすのです。

この一件に限らず、計画が完璧でなくてもやりたいという強い情熱があれば、「リスクがあるんだから、きみがやれ」と私は言います。もし失敗したらその社員の責任ですが、「やれ」と裁可した以上は、トップの務めとして自分も責任を持ちます。成功したら、もちろんその社員の手柄です。

ただ、ものごとはすべて、言うは易《やす》く行うは難《かた》し。失敗していれば果たして私は責任を取っていたであろうかと、自問した記憶があります。

一方、情熱のない人は、自分のプランを過大評価して持ってきたり、よその成功事例を安易に真似して持ってきたりします。しかし、蓋を開けてみれば赤字続き。挙げ句の果てに、「成功しないのは我々が悪いのではなく、お客様がこの事業の良さをわかってないからだ」などと言い訳をするのだから最悪です。だから会社のトップは、「この社員は情熱を持ってこの仕事をやるかどうか」を、申請してきたときに厳しくいろいろな形で問うわけです。

仕事を成功させるうえで最も大切なのは気力と情熱です。死んでも食らいついてやるというぐらいの熱意を絶えず持って取り組めば、たいていの仕事は成功します。こうした人間の力は、いくら時代が変わっても変わりません。

ただし、「これだけ死にものぐるいでやったけれど、本当にもう駄目だ」と思ったときには、いさぎよく撤退する勇気も必要です。

担当者では「いまさら……」と自己保身が先に立ち、この決断はできません。経営のトップが決断しなくてはなりません。撤退の勇気と決断こそ社長の大きな仕事であることは、過去も現在も将来も変わることはありません。

「非正規雇用のほうが幸せ」と言う人もいる。

総務省の「平成二九年労働力調査年報」によると、二〇一七年の役員を除く雇用者五四六〇万人のうち、パート・アルバイト、契約社員など非正規の職員・従業員数は二〇三六万人（前年より一三万人増加）で、全体の三七・三％を占めます。その多くが短期間での契約で更新され続け、不安定な勤務状態です。非正規社員が正社員になるのは簡単ではない。言葉は悪いですが、大部分は数年単位で「使い捨て」にされてしまいかねない労働力ということです。

非正規雇用の人たちの年収は、男女共に一九九万円以下が大半を占めています。その日の生活だけで精一杯の低い賃金と、明日はどうなるかわからない不安定な雇用状況の中では、結婚もできないし、子供を産んで育てようという気持ちにもなりません。

また、厚生労働省の「平成二九年度能力開発基本調査」によれば、正社員以外に計画的教育訓練を実施している事業所は、正社員に施している事業所の約半数にとどまっています。つまり企業は、有期雇用の非正規社員に対してほとんど教育訓練を施さないのです。とりわけ、ブルーカラーの非正規社員はまったく教育されていません。

そうした若者が二〇年後に日本の生産工場の中核を占めたとき、次の世代の若手労働者に「メイド・イン・ジャパン」のブランド力を維持するだけの技術が継承されるとは思えません。企業は株式配当や経営者への高額報酬ばかりでなく、人材育成にお金を使うべきです。目先の数字にとらわれて教育をないがしろにし、「使い捨て」を続ければ、日本から現場の優秀さという強みは失われ、自分で自分の首を絞める結果になってしまうでしょう。

私自身は、非正規社員を全廃して、安心して働いてもらう仕組みを企業側がつくるべきだと思っています。

しかし、なかには「非正規社員のほうがいい」と言う人もいます。育児や介護と両立しやすいから、という理由の他に、嫌ならすぐに辞められる、自分の時間が確保できる、職場で頭の固い上司に文句を言われる筋合いはないなど、理由はさまざまでしょう。先の総務省の調査でも、非正規雇用を選んだ理由に「自分の都合のよい時間に働きたいから」と答えた人は二〇三六万人中五三九万人（二八・三％）で、トップを占めています。

そういう自由度がある中でのそこそこの給料であれば、正規雇用より非正規雇用のほうが幸せだと考える人は、けっこういると思います。職業選択の自由が保障され、自由な時間を持ち、生活がある程度できればいいと考える人がいるのは不思議なことではありません。

世間には、非正規雇用になったら落ちこぼれだ、正規雇用になれば収入が安定して一生安泰だ、一部上場企業の正社員は社会的地位が高い、などと思っている人が多いようですが、私に言わせれば、はたから見れば幸せそうなだけで、実際には問題がいっぱいです。

正規雇用になって何が安泰なのか。一部上場企業がそんなにいいものなのか。人並みか、それよりちょっとマシな職に就いて生活できるというだけじゃないか。そんなものが人間にとって目標になるのか、と思います。この章の最初に述べたように、人間の幸せとはそんなものではありません。「お金も社会的地位もない非正規雇用の人たちは不幸」というのは一面的な捉え方です。どういう雇用形態がいいかは、人それぞれなのです。

ついでに言うと、「日本の終身雇用は崩壊した」というのも一面的な捉え方です。終身雇用は壊れたわけではありません。企業の中で主流にいる人たちは、いまも終身雇用に護《まも》られています。主流から外れた人たちが、「もう俺は辞める」と自ら会社を去っているのです。

技術者であれば、自分が専門にやっていた研究開発部門を会社が中止するようなケースです。たとえば、それまで開発してきたタービンやエンジンが売れなくなると、会社は研究開発をやめます。そこで働いている技術者は、「俺が二〇年も研究してきたのに、いまから何をやれっていうんだ」となり、辞めざるを得ない。実質的なクビです。原子力もそうです。原子力発電の研究をしてきた技術者たちは、「どこへ行ったらいいんだ」となってしまいます。

会社としては、終身雇用したいのです。せっかくこれだけの技術を持った人間を育てたのに、簡単に「お前、辞めろ」と言うことはありません。またゼロから技術者を育てるには、とてつもなくお金がかかるからです。

一方、技術者以外の人たちも、「こいつは一生懸命育てたのに駄目だった。ちっとも成果が出ない」と評価されれば、いい仕事をもらえません。給料もいままでと同じ額は望めなくなるので、自分から辞めていきます。

そういうケースが増えてきたから、「終身雇用が崩壊した」と皆が言うわけです。しかし実際には、会社は実力のある社員にはそれなりの給料を出し、終身雇用をしています。

つまり、能力による格差が顕著になり、実力主義になってきたわけです。黙っていても給料が上がっていくことはもうない、という時代になってきたことは間違いありません。

若いうちは無鉄砲でいい。

日本の若者の多くは、諸外国の同世代に比べ、成長しようとか自分を変えていこうといった意欲が少ないように見受けられます。いつまでも親に寄生して自立せず、もちろんリスクを伴うような冒険もしません。また、安定した職業に就き、安定した収入を得て、可もなく不可もなく暮らすのがいいと考えているようにも見えます。

これには安定を望む親の影響もあるのでしょう。

じつは私の母もそうでした。名古屋大学を卒業して名古屋を離れると告げたとき、母は、「なんで東京に行くの。名古屋にいて銀行か市役所に勤めるか教員になれば安定した生活ができるのに、どういう不満があるの？」と、潰れない就職先ばかり挙げて言いました。実際、大学時代の友達のほとんどは、地元の県庁、市役所、銀行などに就職を決めていたんです。

「こんな田舎で毎日同じように家と勤め先を行ったり来たりして安定した給料を貰うなんて、おもしろくない」と言い返すと、何を考えているんだと説教されました。

私としては、もう「本屋さんの息子」は窮屈で仕方がない。名古屋以外ならどこでもいいから、むやみに干渉されない世界で生活したいという一心でした。大学までは、勉強するならどこでも同じだという気持ちがあり、自立資金もないのでしょうがないと思っていましたが、この機会に町を出ないと一生出られないかもしれません。会社には採用条件として名古屋以外の勤務地を希望し、母の反対を押し切って東京に出ました。

三鷹にある独身寮に入りましたが、寮で夕飯を食べる気もしないので、寮の近くの飲み屋でスルメをつまみに日本酒を飲み、最後におにぎりを食べるという生活。しかもすべてツケです。当時の給料は現金支給で、残業代を含めて手取り二万三〇〇〇〜二万四〇〇〇円。私はそのうちの半分で毎月飲み屋のツケを払っていました。名古屋にいたときは実家が本屋だからタダで本を読めましたが、東京では本代も必要です。寮費などを払って手元に残る三〇〇〇円ほどを本代に充てると、それで給料はスッカラカン。もともとお金に執着はなく、大学時代もアルバイトの稼ぎは全部酒代に消え、大学一年のときから交際していたワイフとデートしても、いつも彼女にご馳走になっていたくらいですから、もちろん貯金なんてありません。

足りなくなると会社の先輩から、こっちで二〇〇〇円、あっちで三〇〇〇円と借金し、それが溜まりに溜まって十何万円にもなってしまいました。給料の五ヵ月分ですから、ボーナスで借金を返してもまだ足りない。しょうがないので実家に帰り、子供の頃にもらったお年玉を母がコツコツ貯めておいてくれた貯金を全部下ろしましたが、それも東京へ戻るとあっという間になくなってしまいます。次に帰省したとき、見かねた祖母が一〇万円くれたので喜んで持って帰り、ようやくしばらくは借金なしで暮らしました。

こんな調子なので、結婚するときも貯金はゼロ。ワイフに指輪も買ってあげられない。そもそも結婚の費用は母が払うものだと思っていたんです。名古屋にいる友達が式場の予約をしてくれましたが、いまだに式場の費用を誰が払ったのかよくわからない。おそらく半分はワイフが払い、残りの半分は新郎側の誰かが払ったのでしょう。

安定志向のいまの若者には信じられないでしょうが、当時の私というのはこの程度のものなんです。それを自分で問題だと思ったことはありませんでした。しかも恥ずかしいとも思わずこうして書いている。呆れた人間だと我ながら思い、ワイフにいまだに頭があがりません。いまも家庭のことはすべて私に発言権はありません。

ワイフは「この人はいったい何なんだ」と呆れ返ったでしょう。彼女は結婚後も働き続けました。そして、「お給料をいただいたら絶対に自分で開けずに全部持ってきてください」と私に言いました。「そうはいかないよ。飲み屋っていうものがあるんだ」と言いつつ、さすがに給料のほとんどは渡しましたが、小遣いが飲み代と本代に消えていく生活に変わりはありません。当然、生活は質素でした。私が社長になってからも現在も、我が家は質素な生活です。私はそれを不自由に思ったことはありません。ワイフはどうか知りませんが……。

瘦せ我慢でなく、過去を正当化する気でもなく、本心から私が申し上げておきたいのは、若いうちは無鉄砲でいい、それが若さの特権なんだということです。

いまの若い人たちは、安定した職業や収入だとか、お金を貯めるだとか、そういうことを考えすぎだと思います。年寄りはお金のことをゴチャゴチャ言いますが、若者はお金のことをあまり気にすることはない。なんとか食べていけるのであれば、やりたいことを自由自在にやってみたらいいのです。

もちろん、結婚して子供がいるなら貯金もある程度は考えなければならないでしょう。でも、二〇代や三〇代のうちから年寄りができるようなことばかりしていたら、個人としての成長はありません。若い頃の私のような生活はけっしてお勧めしませんが、体が丈夫なら生きていけるのだから、贅沢せず質素な生活をして、やりたいことにお金を使えばいいんです。

そうは言っても、既婚者は妻からもっと稼いでほしい、もっと安定した生活が欲しいとプレッシャーをかけられて、やりたいこともできないんだ――と言う人もいるでしょう。「お隣さんはあんなに立派な家を建てて外車に乗っているのに、あなたは何をやっているの」と、奥さんから嫌みの一つも言われている人もいるかもしれません。

私に言わせれば、奥さんをそういう気持ちにさせてしまった夫が悪い。結婚する前から、「俺の稼ぎはこんなものだ。その中でなんとかやり繰りしてほしい」とか、「俺にはやりたいことがあるから、きみが出せるだけの小遣いをもらえないか」などと頼んでおけばよかったんです。奥さんが虚栄心から外面《そとづら》をよく見せようとするのも、夫がろくな仕事をしていないからじゃないかと思います。

私の場合、結婚前から自分の本性を見せていたので、ワイフからのプレッシャーはありませんでした。この人にお金を持たせたら全部使ってしまうと彼女にはわかっていたから、給料を貰ったら全部渡しなさい、私がお小遣いをあげます、という生活に自然となりました。

要するに、奥さんの前であまり格好をつけないほうがいいんです。俺はこの程度の男なんだといつも見せていれば、奥さんも安心するし、やり繰りのしようもあるでしょう。

いずれにせよ、若い人たちは小さくまとまらず、エネルギッシュな情熱を持って生きてほしいと思います。良くも悪くも、青臭さや無鉄砲さが若者の特権です。その特権が、日本の未来を照らすのです。

私は、そこに大いに期待しています。

第三章　上司と部下

「死なばもろとも」と思える上司に巡り合えるか。

組織にとって人は最大の資産です。変動的ではあるが、むしろ「血の通った固定資産」と言い換えてもいいでしょう。その資産をいかに大切にし、最大限有効に運用するかに、組織の命運はかかっています。会社だけでなく団体スポーツにも言えることですし、もちろん国もそうです。

スポーツの場合、選手という資産を運用するのは一に監督、二にコーチです。監督は、「この人のために死にものぐるいで戦うぞ」と選手が思える人でなければなりません。

会社なら、「給料が多少低くても、このオヤジと一緒に仕事をしたい。心中するつもりで頑張るぞ」と部下に思われるような上司にならないといけません。

私にとっては、アメリカ駐在時代に穀物相場で巨額の含み損を出したときに理解してくれた筒井雄一郎さんが、まさにそういう上司でした。「いっさい隠し事はするな」「お前がクビになるなら、俺が先にクビになる」と励ますように言ってくれた彼の言葉が大きな救いとなり、私は挽回のチャンスを摑もうと必死で前へ向かっていけたのです。筒井さんに迷惑をかけたくないというよりも、「死なばもろとも」という気持ちでした。

筒井さんは天真爛漫というか、明るい人でした。いつも明るくいられたのは、嘘や隠し事がなかったからです。彼の信念は、「上司にも部下にも取引先にも妻にも嘘をつかない」でした。もしかしたら奥さんには内緒にしていることがあったかもしれない。それはわかりません。でも、仕事に対しては間違いなく一点の曇りもない人でした。私は心から尊敬していました。

筒井さんは私より一〇歳ほど上ですが、子供みたいなところもありました。アメリカ駐在時代の私は、穀物相場の売り買いの相談でよく筒井さんの東京の自宅に電話していました。ニューヨークは朝なので東京は深夜です。筒井さんはしょっちゅう酔って帰ってきていました。

あるとき、「次はこれを買いますよ」と私が言うと、筒井さんは「いいよ、いいよ。きみに任せたんだから」と答えました。ところが次の日また電話をすると、「お前、なんでこんなところで買うんだ」と言う。「昨夜あなたに言いましたよ。いいよ任せた、やれって言ったじゃないですか。私が勝手にやるわけないでしょ」と言うと、「言ってない」と答える。言った、言わないで押し問答が続くうちに、筒井さんの後ろのほうから、「あなた言ったわよ」と奥さんの声が聞こえてきた。私は「聞こえましたよ、いま」と言いました。

私たちの間には、そういうことをポンポン言い合える信頼関係があったのです。

後に筒井さんは専務になり、次期社長候補と言われましたが、一九八七年に出張先のオーストラリアで水泳中に亡くなりました。生きていれば絶対に社長になっていました。本当に残念です。

生前、彼と室伏稔《むろふしみのる》さんと私は、三人でよく飲みに行きました。室伏さんも社長候補と言われた人で、後に内外の期待を背負い社長に就任しました。私が業務部長を務めたのはそのときです。

酒をしこたま飲みながら、私たちは何やかやと会社の話をしました。そのうちに終電の時刻が迫ってきて、郊外に住んでいる私が「帰ります」と言うと、二人はすでにできあがっていて、「帰れるもんなら帰ってみろ！」と罵声を浴びせます。「あなた方は都心のいいところに住んでいるんでしょうが私は違うんだ。泊まったら金がかかるから帰らせてもらいます」と、さっさと席を立つと、背後から「金がなんだっ」「バカヤロー、勝手にしろ」と怒声が飛んでくる。ところが翌朝出社すると、「お前、いつの間にいなくなったんだ？」と、二人ともけろっとしているんです。もともと財閥系商社と一線を画し、自由闊達とか野武士集団などと言われる社風で、こんなことも珍しくありませんでした。

この二人の先輩を通じて、私はたくさんのことを学びました。部下が上司から学ぶのは、経営のノウハウといった形になったもの（マニュアルなど）だけではありません。形や活字として残るようなものは誰でも学べます。それよりも、精神、心、感動や感激という形にならないものの部分が非常に大事です。

たとえば、上司が先頭に立って前例や規則をぶち破り、皆が無理だと思っていたことをやり遂げたとき。誰も注目しないような仕事をコツコツ真面目にやっている部下に「たいしたもんじゃないか」と声を掛け、「こういう人を大事にしなきゃいけないぞ」と周りに言ってくれたとき。あるいは、弱い立場にいる社員の盾になり守ってくれたとき。部下は涙が出るほどの感動や感激を覚え、「よし、この人に賭けてみよう」「安心して付いていこう」と思います。そんな感動や感激を与えられる人は最高の上司です。巡り合った人は本当に幸せです。

どこかの国の政治家や官僚のように、良いときはその果実を真っ先にとり、悪いときは自分が真っ先に逃げて部下に責任を押し付けるような上司は、最低です。

私は上司に恵まれました。会社にはヘンな上司もいますが、素晴らしい上司も必ずいます。皆さんが「この人のためなら」と思えるいい上司に巡り合うことを願っています。

ただし、どんなに素晴らしい上司に巡り合っても、その人の言う通りに仕事をしていればいいというものではありません。その上司からどれだけ多くの「心」を学んでいけるかが、部下には問われるのです。

部下の「生活履歴」を頭に入れよ。

リーダーとそれ以外の人とでは、何がいちばん違うのでしょうか。それは、リーダーになると自分以外のことを優先しなければならない、ということです。

新人の頃は、もっぱら自分のことだけ考えていればよかった。部署全体のことは部長が、会社全体のことは社長が考えてくれるからです。自分が一生懸命に仕事をして、自分自身や自分の家族、恋人に責任を持てば、それで済みました。

しかし課長部長クラスになると、そういうわけにはいきません。部下のことを考え、課や部全体のことを考え、さらには会社、社会、国のことまで考えなければなりません。

責任を持つ範囲もぐっと広がります。課長になったとたんに部下を一〇人とか二〇人持つようになり、彼らやその家族にまで責任を持たなくてはなりません。責任を持つとは、部下の能力を伸ばし、活かしていくことです。

そのために部課長クラスが最初にやるべきなのは、部下の「生活履歴」を頭に入れることです。どの大学を出たか、などという表面的な履歴ではなく、いままでどんな仕事をしてきたか、仕事ぶりはどうなのか、といったことです。その際には、できる限り先入観を排除して、白紙の状態で受け止めることです。部下のある一面だけを見て、「あいつはこういうやつだ」と決めつけてはいけません。

また、「あいつはずぼらで仕事が雑だ」などと忠告してくれる人がいても、それを鵜呑みにして責任ある仕事を任せないのは、公平ではありません。もちろん、自分自身でしばらく部下を観察し、そう判断したのなら話は別です。しかし、「ずぼら」だと判断された社員でも、皆が思いつかないようなユニークな発想をするとか、新規の取引先を開拓するのは得意だ、といった一面を持っているかもしれません。だとすれば、そういう良い点を伸ばしてやるのが部課長クラスの役割です。部下の能力を活かすも殺すも上司次第です。部下の人生を背負っていると言っても過言ではありません。

また、部下の私生活についても、ある程度は知っておかなければなりません。たとえば結婚しているかどうか、子供はいるかどうか、あるいは離婚したばかりで気持ちが落ち込んでいるとか、子供が病気で看病が大変だとか、奥さんが家で親の介護をしているとか、もっと言えば風邪をひきやすいとか、そういうことまで頭に入れておくべきでしょう。

そうすれば、「子供の具合はどうだ？」「たまには早く帰って奥さんを助けてやれよ」などと言ってやることができるでしょうし、「風邪はもう治ったのか？　きみは本当に頑張ってくれているが、あまり無理をするなよ」と労《ねぎら》ってやることもできるはずです。そのことが、どれだけ部下にとって救いになるかしれません。

要するに、相手の立場に立って、自分が部下なら上司にこういうことをされたら嬉しいと思うようなことをしてあげるのです。役員になる人と、部長止まりで終わる人のいちばんの違いはそこにあると、私は思っています。役員になるような人は心が温かい。第二章で述べた「アリ・トンボ・人間」で言えば、血の通った「人間」になっているんです。

私の場合、ニューヨークから帰ってきてすぐに油脂部第一課の課長になりました。九年間もアメリカにいたのでどういう社員がいるかわからず、人事部から個人の履歴を受け取り、よく見ていました。顔写真もよく見ました。いい顔をして写っているけれど、実際の面構えはどうなんだ？　あまりあてにならんと思うこともありました。

噂好きの人の話や自己PRなんて、何の役にも立ちません。

こうして部下がどういう「生活履歴」を持っているか頭に入れたうえで、今度は個別に部下と面接していきます。プライベートなことも訊くので最初は言い淀むこともあり、一回ではなかなかわかりませんが、何度か話をしていくうちに、部下の人となりがだんだん摑めるようになっていきます。

半年くらいかけて、じっくりと一人ひとりの部下が歩んできた過去と、いまある環境を頭に入れていく。その間にも、部下の面倒をみたり相談に乗ったりするのですから、人の上に立つと本当に忙しくなります。しかし、そうして信頼を築いていかなくては、唯一最大の「資産」を生かすことはできません。

上司は自分のことをちゃんと見てくれている、誰にでも平等に接して公平に評価してくれる、自分たちのことを考えてくれている、と部下が思えば信頼も生まれ、慕ってくれるようになります。逆に言えば、そういう上司でなければ部下はついてこないということです。

部長ぐらいになると、誰でも頭の程度はそう違いません。違うのは、心の温かさを持っているか、いないか。ただそれだけなのです。

人間同士がきちっと向き合えるのは、最大で三〇人。

アメリカのある調査では、会社を辞める最も大きな理由は給料の多寡ではなく、人間関係のようです。特に上司との関係は大きな比重を占めています。上司と反《そ》りが合わない、毎日不愉快な思いをして、とてもじゃないけどやっていけない、と辞めていく人が約三割もいるというのです。おそらく、これは日本の企業でも同じでしょう。

不満を持たれるのはどういう上司なのか。私は、次の三つがあると思います。

一つ目は、人間としての人格を認めない上司です。最近問題になっているパワハラ上司やセクハラ上司も、これに該当するかもしれません。

たとえば朝、部下と顔を合わせても「おはよう」とも言わない。部下が「おはようございます」「お疲れさまです」と言っているのに、何の返事もしない。「元気か？」「家族はどうだ？」といった言葉も掛けない。あるいは、自分が気に入っている部下だけに、「おお、元気か？」などと声を掛ける。会社の経営がどうなっているか、部下に何も説明しない。失敗しても、いっさい叱らない——。お前たちのような若造を相手にできるか、と言わんばかりに、部下を路傍の石ころのように扱う上司です。部下にしてみれば、これほど淋しいことはありません。

二つ目は、部下を信頼せず奴隷のように扱う上司です。何か仕事をしたら、小さなことまでいちいち報告させる。部下を励ましたり労《ねぎら》ったりすることがない。仕事がうまくいくと自分の手柄のような顔をする――。部下は毎日が苦痛でたまらないでしょう。

三つ目は、絶対に褒めない上司です。何をしても、いつも怒ってばかり。ちょっと何か問題が起こると、すぐに「バカ野郎！　何やってんだ！」と怒鳴りつける――。部下は、「あいつの顔も見たくない」と思うに決まっています。

こういう上司の下にいたら、どんなに給料がよくても、「この人のために仕事をしよう」という気になれません。会社から心が離れ、早晩、辞めていくでしょう。

私は入社した頃、「この上司のためなら、よしんば職を失っても仕方ないというぐらいの気持ちで九時から五時まで仕事をやらないと、自分の人生がもったいない」と思っていました。そういう思いで繫がっているのが、理想的な上司と部下の関係だと思います。そのためには、個々の部下ときちんと向き合わなければなりません。

ただ、人間が一度に把握できる人数には限度があります。

直接指揮下に入る部下の数は、組織内のヒエラルキーによって段階的に増えていきます。課長のときだと一〇〜二〇人、部長になったら三〇人程度。本部長になると六〇人ぐらいに増えますが、掌握するのはかなり難しい。会社でも役所でも、リーダーが動かせる組織の最大単位は六〇人が限度だと、一般的には言われています。

しかし私の経験から言えば、個々の部下の「生活履歴」やその時々の状態を把握してきちんと向き合える数は、せいぜい三〇人です。それ以上に増えたら、組織を分割するか管理職を増やすなど、体制を見直すほうがいい。なぜなら、下から上にメッセージが伝わるまでに何段階も経るため、最初の「白」という報告が社長のもとに到着するときには「黒」になっていたり、逆に「黒」が「白」になったりすることがよく起きるからです。それに、あまり多いと一年経っても「あれ？　こんな人いたかな」と誰が誰だかわからなくなったり、独身の部下に「奥さんは元気か？」と間抜けな質問をしてしまう可能性もあります。

ちなみに、団塊の世代が小中学生だった頃、一クラスの生徒数は五〇〜六〇人でした。しかも、一学年のクラス数が一〇ぐらいあった。最近は少子化や文部科学省の方針もあって一クラス三〇人ぐらいになっていますが、もっときめ細かな指導をしようと思うと三〇人でも難しいと言われています。このように、一人の人間が把握できる人数は限られているのです。

もう一つ、部下を掌握する際に気を付けなければいけないのは、上司と部下の関係が互いの役職や会社の規模、企業の気風や文化などによって違うということです。

たとえば、「奥さんは元気か？」「子供はどうしている？」といった言葉を課長が課員に掛けることはありますが、本部長が部長に対して訊くことはまずありません。

また、中小企業では部下はそういう身近なことを上司に訊いてほしい、訊かれれば嬉しいと思うかもしれませんが、大企業の社員は、「うるせえな、放っておいてくれよ」と思うかもしれない。その意味では、大企業の社員のほうが孤独だと言えるかもしれません。

しかし、それもおのおのの会社の気風や文化によって異なります。中小企業の中でも上司と部下の関係がドライなところもあるし、大企業であっても上司と部下が私的なことまでよく話しているところもあるわけです。

よそから来た人がいきなり管理職になっても会社はうまくいかないと言われる要因の一つも、そこにあるんです。上司と部下の繋がりは会社の気風や文化に関係するものなので、それを把握していないと失敗する、ということです。

部下を育てる三原則は、「認めて」「任せて」「要所で褒める」。

部下を育てて、上手に動かしていくために、上司は何をすればいいのでしょうか。

前項で挙げた「部下に不満を持たれる三つのタイプ」と反対のことをすればいいのです。

まず、部下を路傍の石のように扱わない。人間として認めることです。

私はよく、「部下を育てるには自分が漢方医になることだ」と言います。問診、触診です。目立った変化がなくても部下の様子に気を配り、今日はなんとなく元気がないなとか、昨日の小さな失敗を気にして目の前の仕事が疎かになっているな、などと感じたら、こまめに声を掛けて状態を確認する。それで急に部下の仕事の姿勢が変わることはないでしょうが、少しずつ体質が改善されていけばいい、という意味です。

誰にでも自尊心があります。言葉掛けによって「きみのことをちゃんと見ているよ」と伝えれば、相手は自分の存在を認めてもらっていると実感できるのです。

二つ目は、奴隷のように指示したことだけ部下にやらせるのではなく、仕事を任せることです。「上司に信用されている」という実感は、働く意欲をかきたてます。

どういう段階で任せればいいかのヒントは、宮大工の西岡常一《にしおかつねかず》さんと弟子の小川三夫《おがわみつお》さんの言葉を基にした『木のいのち木のこころ』に書かれています。西岡さんは法隆寺金堂や薬師寺金堂を再建し、生きながらに伝説となった職人です。人の育て方について、私はこの本から多くを教えられました。

西岡棟梁は、「完成してから任せず、未熟なうちに任せなさい」と言います。「こいつはもう一人前だ、何をやらせても安心だ」と思ってから仕事を任せてはいけないというのです。

未熟なうちに任せれば、本人は力不足を自覚して懸命に努力し、成長していきます。逆に、成熟した人間に仕事を任せると驕《おご》りが出て、能力を十全に発揮できないことがあります。

私は部下を育てる際、ある期間一緒に仕事をし、これは信頼できると見込んだ人材には、未熟な部分が見えても一〇〇％仕事を任せ、「責任は俺が取る。すべてお前に任せた。結果だけ報告してくれ」と言い、あとは余計なことをいっさい言わないようにしていました。いつも誰かがチェックしてくれると本人が思ったら、どこまで真剣になれるかわからないからです。組織も個人も、やはり信用・信頼が大事です。

若い社員の場合、入社三年を過ぎた頃から、思い切って何か仕事を任せるほうがいいでしょう。これには勇気がいりますが、手取り足取り教えるのではなく、己の努力で成長していくように仕向けることが肝心です。

能力的にまだまだという段階の部下に仕事を任せるのは、決断もいることです。ついつい、「俺がやるほうが早いし安心だ」と思ってしまうでしょうが、部下の将来に期待しているなら、自分がやるよりも部下にやらせるほうがいいのです。もちろん、大きなプロジェクトを未熟な社員に任せるわけにいきません。多少失敗してもなんとかなるとか、こちらが羅針盤を見ていればどっちに向かっているかわかるといった小さな案件から始めて、できるだけ一〇〇%任せる。そうやって自分の力で成長した人ほど、伸びしろも大きくなるのです。

また、部下に仕事を任せる際は、癖のある人材も敬遠せず活用することが大事です。『木のいのち木のこころ』には、木の癖を読み取って建物に生かす話も出てきます。

「癖はいかんものだというのは間違っていますのや。癖は使いにくいけど、生かせばすぐれたものになるんですな。それを辞めさせ、あるいは取り除いていたら、いいもんはできんのです」と、西岡棟梁は言います。じつはこの知恵が、法隆寺が一三〇〇年以上も建ち続けている秘密を解くカギの一つなのです。そして、この言葉は部下の育て方にも通じます。

上司の目には欠点のように見える癖や強い個性を持つ部下でも、その癖や個性を生かせば、かえっておもしろい仕事をするかもしれません。

逆に、癖のないまっすぐな木のような優等生ばかり登用すれば、仕事は画一化し、組織は柔軟性に欠けてしまうでしょう。そういう組織は意外と脆《もろ》いものです。部下の癖を見抜いて生かす人材活用ができれば、優等生ばかりの組織よりも多様性に富む仕事ができ、組織は柔軟で強くなるのです。

三つ目は、部下を褒めることです。

部下が一生懸命やったら、皆の前で「おお、よくやったな」と褒めてあげてください。中学生の頃の私のように、褒められれば誰でも木に登ります。「よっしゃー、もっと頑張るぞ！」という気が起こります。

ただし、しょっちゅう褒めるのは駄目です。「よくやった」「たいしたもんだ」といった言葉は、たまに言うから効くのです。ときどき褒める。そうすれば部下は必ず木に登ります。

そして、あまり相手が有頂天になるような褒め方をしないことです。人前で大袈裟に褒められたら部下は気持ち悪いでしょうし、その気になりすぎてしまうこともあるからです。

認めて、任せて、要所で褒める。この三つが実行できる上司なら、部下は給料が多少悪くても（あまり少ないのは困りますが）、「この会社で働いてよかった」「仕事というのは大変だけど楽しいものだ」と充実感を持ち、簡単に辞めることはないでしょう。

そういう幸せ感を与えられる上司が増えれば増えるほど、人は育ち、会社は成長するのです。

きみの能力は自分で評価するものじゃない。他人が決めるんだ。

ここまで上司のあり方を述べてきましたが、では、部下は上司に対してどうあるべきでしょうか。これはもう、「言われたことをちゃんとやる」のひとことに尽きます。言われた仕事をきちんとやり、上司や周囲の信頼を得られるようにならないといけません。

「それはやっています」と、あなたは言うかもしれません。しかし、何年もやっていくうちに仕事のレベルは上がっていきます。同じ仕事を一〇年やれば、ある部分では上司よりも部下のほうが精通するほど、仕事というのは広がりと深さを増していくものです。五年経っても一〇年経っても広くも深くもならず、機械のようにずっと同じ仕事をしているとしたら、自分の能力や仕事に対する姿勢に問題があるのではないかと考えなければいけません。

また、「俺は一生懸命仕事をしているのに、課長はそれほど評価してくれない」とか、「同期のあの人はいつも課長から仕事を任されるのに、私はぜんぜん任せてもらえない。能力はたいして違わないのに……」といった不満を持つ人もいるでしょう。ことに、大学を優秀な成績で出てきた人は、自分が思っているほど上司が評価してくれないという現実との落差に悩んでしまうこともあります。

「えこひいきじゃないですか。問題だ」と、課長の上の部長に不満を言いに行く人もいるかもしれません。しかし、そんなことをしても部長から、「きみは本当に自分に恥じずに、仕事をちゃんとやっていますと言えるのか？」と問い返されるのが関の山です。

私が部長なら、こう言います。

「きみは自分の能力を自分で評価しているようだけど、きみの能力は他人が評価するものなんだ。自分で評価しちゃいけない」

ビジネスの世界では、自己評価など何の足しにもならないのです。

たとえば、あなたが完璧と思える仕事をした場合、自己評価はえてして一五〇点ぐらいになりがちです。では他人の評価はどうかというと、せいぜい七〇〜八〇点くらいのものです。つまり、自己評価は他人の評価の二倍ほどになるのが一般的なんです。

自分の能力を自分で評価する人は、それを不満に思い、「上司は自分のことをまるで理解してくれない」「会社が悪い」と考えてしまうようになります。これでは「くれない症候群」と同じです。はたから見たら、自惚《うぬぼ》れや自信過剰にすぎません。

特に会社に入ったばかりの頃は、自分の力を過大評価しがちです。学生時代に、試験の点数や偏差値などわかりやすい数字で、自分の評価を明確に示されることに慣れてきたからです。しかし社会に出れば、そんな誰もが見てわかる相対的な数字など存在しません。学校の試験じゃないんだから、一つひとつの仕事にその都度評価も付きません。学生時代に試験の点数を取るのが上手だった人は、そこのところを勘違いしてしまうことがあるのです。

会社でも役所でも組織というのは、じつは本人が思っている以上に、その人のことを正しく判断しています。もちろん上司も人の子なので、人間の好き嫌いはあります。特定の上司にひいきにされたり、逆に嫌われることもあるかもしれません。でも、それはずっと続くわけではありません。上司は何年おきかで異動するし、自分が別の部署に移れば先輩や同僚も変わります。職場の人間関係は絶えず変化する。そういう中で、多少の上下はあるにしても評価は平均化され、現実とほぼ一致する評価に落ち着いていくものなのです。

たとえば、上司や部署が何度か変わっても相変わらず七〇~八〇点の評価だとしたら、それが自分の実力ということです。不満かもしれませんが、自分の能力や仕事のやり方に問題があるのではないかと考えなくてはなりません。まずは、本当に全力で仕事をしているかどうか、自分自身を振り返ってみてください。

それをせずに上司のせいにしたり、周りが協力してくれないと同僚のせいにしたりして

「問題だ、問題だ」と悩む人もいますが、問題だと思っているのは自分だけです。厳しいことを言いますが、他人から見たらぜんぜん問題じゃない。問題は自分自身がつくったのです。

自分自身の仕事に対する姿勢を振り返り、それでもなお、「自分の評価は一五〇点だ。上司が悪い」と思うのなら、会社を変わるのも一つの方法かもしれませんが、他人からの評価のレベルというのは、たとえ別の会社に移っても似たり寄ったりです。次の会社でも「上司が悪い、周りが悪い」と言っていたら、そのうちに努力する気もなくなって、DNAのランプが点かなくなってしまいます。自分が損をするだけです。

とにかく上司に言われたことをきちんとやり、「人事を尽くして天命を待つ」気持ちで目の前の仕事に取り組んでいってください。

これは何も上司に媚びへつらえということではありません。自分が正しいと思うことは堂々と主張すればいい。しかし、他人の批判ばかりで謙虚さがないのは問題です。そんな社員を指導するお人よしはどこにもいません。誰からも適切なアドバイスをもらえず、せっかくの能力を活かせずに終わったら人生の損失です。自分の能力に謙虚になることが大事なのです。

部下の大半にやる気がないのは上司の責任。

アメリカのギャラップ社が、世界一三九ヵ国の企業を対象に実施した従業員の仕事への熱意度調査（二〇一七年発表）によると、「熱意溢れる社員」の割合はアメリカが三二％だったのに対して日本はわずか六％で、一三九ヵ国中一三二位だったそうです。

一方、「周囲に不満をまき散らしている無気力な社員」の割合は二四％、「やる気のない社員」に至っては、なんと七〇％に達したということです。

ところでこの調査では、企業の中のある一つの部にとりわけやる気のない社員が多いのか、いくつもの部に無気力な社員が一人、二人と散在しているのかはわかりません。

もし、何十人かいる部員のうちの一人か二人だけが無気力で、どうしても上司の言うことを聞かないのなら、その一人か二人が問題です。いずれ会社から、「別の仕事をするほうがいいんじゃないか？」と言われるでしょう。つまり転職の勧めです。

一方、特定の部にやる気のない社員が非常に多く、部員の大半を占めているようなら、それは明らかに部長の責任です。組織の上に立つ人は、必ずそういう目で見ているものです。本部長は各部長を、部長は各課長を見て、「あいつの部下はやる気のない人間ばかりで、ものごとがいっこうに進まないじゃないか。これはちょっとまずいぞ」ということになれば、部長や課長を別の人に代えるのです。

アメリカでは、一つの部で多くの社員が辞めてしまったり、入ったばかりの社員が何人も異動願いを出したりするケースもあります。原因は部長です。部下を路傍の石か奴隷のように扱う部長だったり、絶対に褒めない部長がいることが多く、その部長の責任が問われます。

私に言わせれば、部下の報告がなかったり、遅かったりするのも上司のせいのことが多い。

たとえば、上司が「これは」と思う部下に仕事を任せるとき、「何か問題が起きたら責任は俺が取る」と言ったとします。おそらく、その言葉に嘘はなく、本当にそのつもりでいると思います。しかし、実際に問題が起きたときに、すべて自分の責任として批判の矢面に立ち、部下を庇ってあげられるかどうかは、また別の話です。

部下のしたことは上司の責任だと理屈ではわかっていても、自分が批判されるのは誰でも気持ちのいいものではありません。「どうして俺がここまで言われなきゃいけないんだ」「なんで俺がこんな目に遭うんだ」と、愚痴の一つも言いたくなるはずです。その挙げ句、「なんでこうなる前に俺に報告しなかったんだ！」と、部下を責めてしまう例も少なくないでしょう。

しかし、部下が報告に来なかったのは、ふだんから上司が話し掛けづらい雰囲気を漂わせているからかもしれません。その場合、部下は萎縮して、報告や相談をしようと思ってもなかなかできないかもしれません。あるいは、部下が優等生タイプで、上司にミスを報告して叱責されることを恐れ、なんとか自分で解決しようとして傷口を広げてしまうこともあるでしょう。本人にミスを隠蔽する意図がなくても、結果的にそういうことになってしまう場合もあるわけです。

ですから上司自らが、ふだんから報告しやすい環境をつくっておかなければならないのです。「責任は俺が取る」なんて格好いいことを言うのなら、それぐらいやって当然です。それをしないで「なんで報告しなかったんだ」と怒るのは、見当違いも甚だしい。

報告しやすい環境づくりは決して難しいことではありません。「おい、あれどうなった？」と、上司のほうからちょくちょく話し掛ければいいんです。それを、文書できちんと報告しろだとか、進捗状況を残すためにメールで送れなどと言えば、ただでさえ仕事に追われている部下は、面倒になってタイミングを逃してしまうかもしれません。そもそも、証拠を残すためにそんな文書やメールを要求するのは、部下を本当に信頼しているとは言えません。

むろん、ある一定の進捗状況は文書として残しておかなければなりませんが、仕事は絶えず動いているんです。リアルタイムで把握するには、ちょっとした立ち話でいいから、「あの案件は進んでるか?」「いま、どうなってる?」などと、こまめに訊けば済むことが多いものです。

私の場合は、仕事帰りに部下と一緒に酒を飲みながら、「おい、あの件はどうだ?」などと訊いていていました。

自分はふだんからぶっきらぼうだから報告しづらい部下もいるだろう、と思っていたからですが、そのついでに部下の家族のことなども訊けば、本人の生活環境も頭に入ります。また、部下は期待に応えようと思って一生懸命仕事をしていますから、無理をしすぎていないか、健康状態は大丈夫か、といったこともわかるので一石三鳥です。

酒好きだから言うわけではありませんが、そうやって飲みに行って部下の話を聞いてやることぐらい、肉体労働をしていない立場なのだから当たり前だと思います。こうした部下との「飲みニケーション」については、あとで改めて述べることにしましょう。

弱い者いじめは許さない。

私が会社に入って二年目のある日、一年後輩の新入社員のA君が、皆の前で先輩にいじめられている場面に遭遇しました。

多くの会社では、新入社員に日々の業務のこまごましたことを指導してくれる先輩社員が付きます。A君をいじめている先輩は、私も指導を受けていた人で、なぜかA君をしょっちゅう高圧的に指導していました。その日も、

「何度言えばわかるんだ！　こんな簡単なことを繰り返し間違えて。俺たちがどんなに迷惑していると思うんだ！」

と、こてんぱんに怒鳴りつけています。本人は社員教育のつもりなのかもしれませんが、A君は気の毒なほど縮こまり、真っ青になって「すみません、すみません」とひたすら謝っています。それなのに先輩は、いままでのA君のミスを次々と挙げつらい、くどくどと小言を続ける。しーんと静まり返った職場に、先輩のヒステリックな声が響き渡ります。

先輩のすぐ前の席にいた私は内心、「いくらなんでもひどいじゃないか。新人相手に、

これでもか、これでもかと説教しやがって。知識も経験も豊富なあなたが勝つに決まってるだろう。いつになったらやめるんだ」と思いましたが、先輩は追及をやめません。

ついに私は我慢ならなくなり、「なんだ貴様は！」と叫んで勢いよく立ち上がりました。はずみで椅子がバターンと後ろに倒れ、皆は私が椅子を蹴飛ばしたと思ってびっくり仰天したことでしょう。自分でも「しまった」と思いましたが、やってしまったことはしようがない。

「おい貴様、いい加減にしろ！　本人はもう充分に謝って反省してるじゃないか！」

と啖呵《たんか》を切ると、先輩も「なんだ、お前は！」と気色ばむ。しばらく睨み合いましたが、どうにかその場は収まりました。あとで私は課長に呼び出され、

「きみね、相手は上司なんだから、いくらなんでも〝貴様〟はないだろう。おのおのの立場というものがあるんだから、言葉遣いには気を付けなさい」

と、諭されました。しかし私は、

「確かに言葉遣いには気を付けなければいけませんが、でも、あの態度は許せません」

と不満気な顔をしたに違いありません。いま思えば汗顔の至りですが、この一件でその先輩は新人の指導から外れ、イギリス帰りの度量が大きい上司に代わったので、結果的にかえって良かったかもしれません。

「ありがとうございます。本当に嬉しかったです」とA君は言ってくれましたが、私は、「権力を振りかざして弱い者をいじめたり、理不尽なことをするやつは許せない。強い者に尻尾を振るのは下劣だ」という信念に従って行動したまでです。私のようなやり方がいいとは言いませんが、弱い立場にいる部下や後輩は大事にしなければいけない。

こうした私の性格は、両親や祖母の影響があると思います。嘘をつくな、人を騙すな、弱い者いじめをするな、いつもお天道様が見ているぞ、と幼い頃から常に言われていたので、正義感が人一倍強くなったのかもしれません。

反骨心も家庭環境の中で培われました。その源泉は、兄弟間の待遇格差です。

我が家はそんなに貧乏ではありませんでしたが、当時は物が少ない時代です。兄・私・弟・妹二人の五人きょうだいなので、私の服はいつも兄のお古でした。破れを繕ったお古をさらに着古すので、弟はさすがにもう着られません。だから弟は新品を買ってもらえました。上と下はいつも新品なのに、真ん中の私だけは新品なんて着たことがありませんでした。

服だけじゃありません。何かおいしいものがあっても、全部長男に食べられてしまう。田舎というのは、誰がなんと言おうと長男が王様なんです。「お兄ちゃんは体が弱いから」「いずれお兄ちゃんの世話になるんだから」などと母や祖母は理屈を言いましたが、「そんなこと俺の知ったことじゃない。なんで俺は次男だからって損しなきゃいけないんだ」と、物心ついた頃から理不尽に感じていました。

だから中学時代には、下村湖人《しもむらこじん》の『次郎物語』を夢中で読みふけったことがありました。主人公は次郎というくらいだから、私と同じ次男坊です。その次郎が、さまざまないじめや苦難を経て成長していく物語です。「次郎よ、お前も俺と一緒、いつもお古か……」「ああ、かわいそうに」「俺の言いたいことを言ってくれている」と主人公に心を重ね、涙を流しながら読みました。

『次郎物語』には、社会の矛盾に苦しみ哀れな生活を送る人々の姿が真に迫るように描かれています。兄弟間の待遇格差という理不尽さを味わい、読書を通して世の中の過酷な現実を知るうちに、ものごとを正面からだけでなく裏や斜めからも考えるようになり、権力に対する反骨心と弱者に寄せる思いが強くなっていきました。

リーダーは常に弱い者の立場に立たなければいけない。相手がどんな権力者でも、人の人格を否定するような行為を見過ごしてはいけない。「負けてたまるか！」という私の反骨精神は、どうやらその辺から生まれてきたのかもしれません。

叱るときにはＴＰＯを考える。

　部下を持つようになった人が、いま、大いに頭を悩ませていることの一つは、叱り方ではないでしょうか。近頃は、ちょっと叱っただけで、すぐ「パワハラ」だとか「モラハラ」だとか言う社員も増えてきたせいか、部下に対してどこか腰が引けている上司も少なくありません。

　社員教育というのは各組織の倫理観に関わることなので、どの方法が正しいと一概に言えるものではありません。しかし、言われたことをやらずに周囲に迷惑をかけているとか、同僚や後輩をいじめているとか、取引先をないがしろにするといった看過できない部分については、きちっと指導していく必要があると思います。

　ところが最近は、部下に嫌われるのを恐れて、いつも温和で優しくてものわかりのいい上司が増えました。それが「いい上司」だと勘違いしている人もいます。

　また、雑誌やネット上に出ている「部下を叱るときのＮＧワード」とか「訴えられない叱り方」といったマニュアルを読んでいる人もいます。読みたい人は読めばいいでしょうが、私に言わせれば有益とは思えません。いちいちマニュアルを見ながら叱るのですか？

人はどんなときに自尊心を傷つけられるのか、人間の尊厳を踏みにじるのはどんな言動なのかは、いろいろな小説を読めばいくらでも書いてあります。要するに常識の問題です。勉強も読書もしないから、こんな「ハウツー物」に頼るようになるんです。

いずれにせよ、部下に嫌われるのが怖いと思うような上司では、若者は成長しません。嫌われるのが怖いのは、自分に自信がない証拠でしょう。若者の教育より、上司の教育をすべきなんじゃないかと思います。

私が部下を叱るときは、ＴＰＯをよく考えるようにしていました。具体的に意識していたのは次の五つです。

まず、部下の立場に立つことです。

たとえば、最近失敗が続いていて、指摘されても投げやりな態度が目立つ部下がいるとします。誰だって「なんだ、こいつは」と思うでしょう。でも、もしかしたら体調が悪いのかもしれない。既婚者なら、奥さんとうまくいっていない可能性もあります。そういうことを注意深く見てから、叱るべきときは叱って欲しい。

二つ目は、皆の前で恥をかかせないことです。

部下がどんなに良くないことをしても、皆の前では、「それは良くないな。ちょっと考え直してくれ」くらいの言葉にとどめ、あとでその部下を呼んで二人だけになってから厳しく叱っていました。誰にでも自負心や自尊心があるからです。前項で述べた先輩のように、皆の前でそれを踏みにじるような叱り方をしたら、即、パワハラになってしまうでしょう。

三つ目は、叱る前に褒めることです。

「きみはいい仕事をやってるな。だけど、これはちょっと問題があるよ」という具合に、本題に入る前に相手のいいところを認めて、褒めるのです。それをせずに、開口一番「お前、何考えてるんだ。このバカ野郎！」などと怒鳴りつけるのは、パワハラというより単なる非常識だと思います。

四つ目は、叱る場によって言葉を変えることです。

たとえば、二人で飲み屋にいるときには「おい、いい加減にしろよ。しっかりしろ！」などと言っても、部会では「きちんとしなさい」とソフトな言い方をするわけです。同じ部下を叱るのにも、そこがどういう場かによって言い方が違ってくるのは当然だと思います。

五つ目は、叱ったあとのフォローです。私はもっぱら酒の席でやっていました。

ここまで偉そうなことを述べてきましたが、私がいつも冷静だったわけではありません。虫の居所が悪いときなど、ついかっとなって部下を怒鳴りつけることはよくあるんです。

そんなときは我が身を反省し、「今夜、空いているか？ ちょっと飲みに行こう」と必ず部下を誘います。その席で、「今日はずいぶん怒ったけど、あれはお前に成長してもらいたいからなんだ。将来は会社の中核になってほしいから、嫌なことを言ったんだ」といった話をします。言い訳でも追従でもなく、本当にそう思うから言っているんです。すると部下も「わかりました」と言い、わだかまりも消えてなくなるものです。

若い人たちに私が言いたいのは、上司が部下を叱るのは個人的に嫌ったり憎んだりしているからではない、ということです。

その部下に将来性があると見込んでいるから、「しっかりしてもらわないと会社も困るんだ」と、期待を込めて叱っているのです。人を育てるとは、そういうことです。まったく期待していない部下なら叱りも怒りもせず、それこそ路傍の石のように放っておくだけです。

もし、あなたが、ちょっと叱られるたびに「言葉の暴力だ、パワハラだ」と思うのなら、「もう私を叱らないでください」と上司に言ってください。そうすれば二度と叱られることはないでしょう。上司としては逆恨みされてはかなわないので、もう叱らないから適当にやりなさい、きみはどうでもいいよ、ということになるはずです。仕事のことも、何も教えてくれなくなるでしょう。そうなったら淋しいとは思いませんか？

上司に叱られて頭にくることもあるでしょうが、しゅんとしたり逆恨みしたりせず、「これは俺を買ってるな」「私をなんとか育てようと思っているんだな」と前向きに捉え、「自分の成長のためなんだ」と謙虚に受け止めてほしいと思います。

何も私は、上司の言うことには何でも唯々《いい》諾々《だくだく》と従えと言っているのではありません。そんな必要はまったくない。私の真似をされても困るけれど、言いたいことは遠慮なくどんどん言えばいいんです。自分が本当に「アリ」のように働いているなら、間違っていると思ったことを堂々と指摘すればいいのです。

「でも、上司の言うことには何でも従わないと出世できないのでは？」と思う人もいるかもしれませんが、私が見てきた限り、出世しない人ほどそういうことを言うんです。そして、出世できなかったことを上司のせいにします。

平目《ひらめ》のように上ばかり見ていると、皆さんもいまの一部の忖度《そんたく》官僚のような人になってしまいます。

「飲みニケーション」は、やっぱり大事。

若い頃の私はよく上司に叱られましたが、夜は酒を飲みに連れて行ってもらい、けっこう可愛がってもらいました。叱られたときは「この野郎」と思っても、ご馳走してくれるから付いて行きました。

もともと学生時代から、勉強が非常にできる人、学生運動をやっている人、遊び好きな人などと幅広く交友していたので、ちょっと苦手だと思っても人間として付き合えばいいんだ、皆が「いけ好かないやつだ」と言うような人でも根っからの悪人はいない、と思っていました。

自分が上司になってからは、部下を誘ってよく飲みに行きました。叱ったあとのフォローだけでなく、部下の様子を訊いたり、励ましたりするためでもあったのです。

たとえば、仕事がつらそうな部下や働く意欲が急に落ちた部下には、「この頃ちょっと元気がないけど体は大丈夫か？」と訊いて様子を見たり、悩みを聞いたりします。社員は会社の資産なのですから、こうした気配りをするのは当然です。それが上司の仕事です。最近、過労死が相次いで起きて社会問題になっていますが、部下の変化に無関心な上司が多いということも、過労死が起こる要因の一つと言えるかもしれません。

誰でも、上司が自分のことを考えてくれていると思えば嬉しいものです。「きみはよく頑張っているな。皆、期待しているぞ」と言えば、家に帰って奥さんに「今日、部長に褒められたよ」と報告し、一緒に喜ぶかもしれません。酒が入れば本音が出てくることだってあるでしょう。部下より高い給料をもらっているんだから、そういうところにお金を使えと、私は社長になってから部長たちによく言っていました。

最近の若い社員は上司との飲み会を敬遠するといいますが、職場以外で上司と接することには大きな意味があると思います。人間は周囲の人から少なからず影響を受け、学びながら大きくなっていくものだからです。

若い人たちが上司と飲みに行きたがらないのは、飲み会自体が嫌なのではなく、その上司と一緒に飲んでも何の勉強にもならないからではないでしょうか。

たとえば、飲んでいてゴルフと女性と遊びの話ばかりする上司や、自慢話と愚痴ばかりの上司だとしたら、「つまらない。家に帰って本を読むほうがましだ」と部下が思って当然です。学べることが一つもない、そんな飲み会は時間の無駄だ、ということになるわけです。

つまり、飲み会が悪いわけではなく、上司が悪いんです。上司は部下を「付き合いが悪い」とくさす前に、なぜ誘っても来ないのか、考えてみないといけないでしょう。

私が若い頃に先輩や上司としょっちゅう飲みに行ったのは、タダで飲めるという魅力もありましたが、それ以上に彼らの話を聞くと勉強になることが多かったからです。特に、過去の仕事上の失敗談は非常に参考になりました。涙ながらに若い頃の失敗を話してくれる部長もいて、「上司も同じ人間なんだな」と思ったことを覚えています。そんな人生勉強もできるわけです。

酒は付録みたいなもの。でも、飲めば飲むほどおもしろい話が聞ける。そういう飲み会なら、部下だって自腹を切ってでも参加するでしょう。

酒が飲めないのなら、食事やお茶だけでもいいじゃないですか。私も課長時代に、課の女性社員を全員連れて、あんみつ屋さんに行ったことがありました。社外でのこうしたコミュニケーションは、上司と部下との距離をぐっと縮める役割を果たしてくれるので大事だと、私は思っています。

嫌な上司は反面教師にせよ。

いまの私は、おりこうさんぶって上司の心得やら部下の心構えやらをこうして書いていますが、それは上司としてあるレベルに達してからわかったことです。若い頃は本当に生意気な社員で、上司からしょっちゅう怒られ、「このバカ野郎！」と心の中で上司に向かって言うこともたびたびありました。

どの会社にも立派な人がたくさんいるものです。私の周囲にも、見習うべき点が多いと感じた素晴らしい上司が何人もいました。そういう上司に叱られたときはものすごいショックで、心から反省しました。

しかし、自分が課長や部長になったときに何がいちばん役に立ったかというと、若い頃に「このバカ野郎！」と思っていた、嫌な上司の存在です。

おそらく、あなたの周りにも嫌な上司がいると思います。たとえば、部下のことをまったく考えずに、無理難題を押し付けてくる自分勝手な上司。すぐ感情的に怒鳴り散らす上司や、小さな失敗をいつまでも執念深く叱る上司。部下の手柄なのに自分の手柄のような顔をする上司。重役に媚びへつらう上司……。

そういう上司に当たると、部下は当然、「なんだ、あいつは」と思います。他の部署の同僚と飲めば、「うちの上司はけしからん」「ひどいやつだ」と不平不満が出てきます。

私も、そういう話をしたり聞いたりすることがよくありました。そのうちに、「俺があいつの役職になったら、絶対こういうことはやらないぞ」と思うようになりました。

つまり、嫌な上司を反面教師にしたわけです。

いま、あなたが嫌な上司の下にいて悩んでいるのなら、発想を変えて、「自分は絶対に、ああいうふうにならないぞ」と反面教師にすればいいのです。そう捉えれば「学び」になります。「あの人がいるおかげで俺はいい上司になれる」と、むしろ感謝していいくらいです。

立派な上司を模範にするのも、もちろん間違いではありません。しかし、自分がその立場になるには、五年先か一〇年先、あるいはもっと時間がかかるかもしれません。そのときには社内の状況が変わっているかもしれないし、時代と共に価値観も変わっていくかもしれません。いまは「よし」とされていることも、価値観が変われば「よろしくない」と正反対の評価になっているかもしれません。歴史を振り返れば、そういうことはよくあるんです。

一方、人間が「けしからん！」と腹立たしく思うことの多くは普遍的です。時代が変わっても、そう大きく変わるものではありません。ですから、「このバカ野郎、けしからん」と思う上司を反面教師にして、自分を戒めるのが現実的だと思います。

立派な上司に巡り合ったときには、「よし、これだ」と自分のノートに書いておきましょう。「課長になったら、部下にああいうふうに接したい」とか、「部長になったらBさんのような人材登用をしよう」とか、自分がその立場になったら見習いたいことを記憶にとどめておくわけです。

それを自分の頭の中であれこれシミュレーションしていくうちに、部課長クラスが射程圏内に入ってきます。いきなり立派な上司を見習ってそのままやろうとしてもボロが出てしまいますが、こうしたシミュレーションを重ねていれば、晴れてその役職になったとき、すぐにでも行動に移すことができるのではないでしょうか。

上司の立場から言えば、部下は自分の姿を見ながら、「あんな上司になりたい」と思ったり、「こいつは反面教師にしてやろう」と思ったりしているわけですから、そのことを肝に銘じておかなければいけません。

リーダーは自分の利益より組織が先。

人間の本性は、どの動物よりも残酷です。口では立派なことを言っても、空腹になれば、自分を最優先に生かそうとする自己保身の本能が働き、他人の食料を奪ってでも胃袋を満たそうとするし、極限の状況では人肉も食べてしまいます。第二次世界大戦の激戦地にいた兵隊が、食料が尽きるとその辺にいるカエルや野草を食べ、最後には死んだ兵士の肉を食べて飢えを凌いだ、という話はよく知られています。

そういう残虐性が人間にはあるので、他人の成功を心の底から喜ぶ人というのは非常に少ない。それを私は、「人の幸せ知る不幸、人の不幸を知る安心」と言っています。自分以外の人が幸せだと知ると、妬み、やっかみ、ひがみが先に立って、人は自分を不幸に感じる。自分以外の人が不幸だと知ると安心する、という意味です。

たとえば私は、いろいろな会合に出席するとき、電車で会場の最寄り駅まで行きます。駅から会場までは、晴れの日でも雨の日でも歩きです。会場の入り口で出会った人は、「あっ、電車で来られたんですか」と言うので、「当たり前じゃないか。カネなんてないよ」と答えると、相手は「お疲れ様です」と挨拶されます。内心、自分と同じだと安心されているかもしれません。これが黒塗りの車で会場に乗り付けでもしたら、相手はあまりいい気持ちはせず、「なにさまのつもりだ」と思うでしょう。

あるいは、年を取ると、友達が病気一つせず元気いっぱいだと聞いても嬉しくない。病気ばかりしていると聞くと、それに比べれば自分はまだ元気だと安心する人が多いようです。

人間というのは、そんな動物なんです。妬み、やっかみ、ひがみの感情は誰でも持っていて、死ぬまで抜けません。リーダーになって頭角を現すと社内外でいろいろ言う人が出てきて、足を引っ張られたりするのも、そのためです。

これからリーダーになろうという人にとって、大事なことは三つあると私は思います。

一つ目は、いま述べた残虐性も含めて、人間とはどういう動物なのかをよく知り、それを頭に置いて行動することです。

二つ目は、「自分は何も知らない」ということを知ることです。まだまだ知らないことが山ほどあると自覚すれば、誰に対しても謙虚になれます。「俺は何でも知っているぞ」と言う人は、自分のことすら何も知っちゃいないと自ら表明しているのと同じです。

三つ目は、自分の利益を中心に考えないことです。

西郷隆盛（南洲《なんしゅう》）は、こんな言葉を遺しました。

「命もいらぬ、名もいらぬ、官位も金もいらぬという人は、始末に困るものなり。しかし、この始末に困る人ならでは、艱難《かんなん》を共にして国家の大業は成し得られぬなり」（『南洲《なんしゅう》翁遺訓《おういくん》』）

西郷自身にもこういうところがあり、権力者から扱いにくい（始末に困る）と思われるような人間だったからこそ、改革者になり得たのだと思います。

一人の人間として見れば、西郷には良いところも悪いところもありました。しかし、己の利益を中心に考えず、人々が満足できるような仕事をしたい、自分の体を張ってでも国や国民のために尽くしたい、皆の喜ぶ顔が見たいという気持ちを強く持っていたことは間違いないでしょう。それは上に立つ者として非常に重要なことです。

リーダーとは、世のため人のために尽くす人だと私は思います。自分の利益や保身に汲々《きゅうきゅう》としていたのでは、課長も部長も務まりません。

できる限り私利私欲にとらわれず、自分第一に考えるにしても弱い立場にある部下を守り、たとえ不利な状況に置かれても自分の良心と信念に従う――。リーダーを目指す皆さんには、そうした「始末に困る人」の気持ちに近づく努力をしてほしいと思っています。

第四章　組織と個人

顧客との信頼関係を築いても、立場をわきまえないと即アウト。

私がニューヨークに駐在していたとき、顧客である有名な日本企業X社の社長が会社に来られました。

私は社長に挨拶した際、問われるままに、自分がアメリカ各地で得た情報や、仕事を通して知ったアメリカ人の特性などについて話しました。X社にもニューヨーク支社はありますが、社長は「うちの連中はそこまで知らないよ」と驚き、その後はニューヨーク出張のたびに私の会社に寄られるようになりました。最近の為替の状況はどうか、アメリカ経済はどうかなどと質問があれば、私は秘密事項があるわけでもないので、知る限りのことをお話しします。そのたびに社長は、「ほう、なるほど」「それは知らなかった」と喜んでくれます。

そのうちに、私がニューヨークから日本へ出張すると、「日本にいるなら一緒に飯でも食べよう」と誘ってくれるようになりました。

やがて九年間のアメリカ駐在を終えて日本に帰国すると、社長は、「時間があったらいつでも話をしに来なさい」と言ってくれました。X社を訪問すると、社長秘書は私の顔を覚えていて、すぐに社長室に通してくれました。このときの私はまだ課長でしたが、フリーパスで社長に会えるようになったんです。X社の人たちは、「どうして商社の課長がいつも社長室に出入りしているんだ？」と不思議に思ったことでしょう。

社長は、仕事上関心のあるテーマがあると、「おい丹羽君、ちょっと来て話を聞かせてくれよ」と私を呼びます。そのたびにX社に行き、たとえばいまインドはどうなっているか、為替はどうなっているかといったことを話すと、一つの意見として耳を傾けてくれました。もちろんX社にもその分野のエキスパートはいますが、商社は全国区なので、製造会社よりは日頃は耳に入らない情報もあるわけです。

商社は世界中の情報を持っています。特に、私がアメリカ駐在時代に親しく付き合っていた大手穀物商社は、CIAよりも情報を持っていると言われたくらいです。私は自分の仕事以外のことも一生懸命に勉強し、さまざまな情報について社長に話しました。それは、お客様であるX社にとっても役立つし、私自身にとってもプラスになっていました。

そうこうするうちに、私は社長から非常に信頼されたようで、時には「経営会議でこういうことを発表するんだが、きみはどう思うか」といったことまで訊かれたり、X社の部長から「ちょっと参考資料をくれないか」と頼まれたりするようになったのです。

社長が欧州視察旅行をしたときには、誘われて同行しました。我々と協力関係にある会社も訪問するというので会社に相談すると、「旅費は出すから、しっかりお供しなさい」ということになったんです。私は国際免許を持っているので現地での運転手も兼ねていて、社長はベンツの後部座席に乗っていただきドイツのアウトバーンを時速一六〇キロで走ったり（社長はかなり怖がっていましたが）、地図を頼りにスイスの山中を走って二人で田舎の民宿に泊まり酒を飲んだりして、いっそう親しくなりました。

相手のためにできることを誠心誠意やり、それで信頼を得るのが本当の意味での「お客様とのお付き合い」だと私は思います。商社マンに限らず、真面目に仕事を続けていれば、誰にでもお客様と親しくなれるチャンスはあります。特別優秀でなくても、そのときにお客様のためになること、役立つことを一生懸命やれば、相手は非常に感謝してくれて、良い関係を築いていくことができるんです。

ただし、その一生懸命さの中に邪心があってはいけない。これだけ親切にすれば何かいいことがあるだろうとか、裏で儲けてやろうとか、見返りを期待してはいけません。

私はX社の社長に、自分の仕事の話はいっさいしませんでした。これは正しい付き合い方だったと思っています。なぜなら、仕事の話は現場の課長や部長がすべきことだからです。それを飛び越えて私がX社の社長や専務と仕事の話をしたら、双方の現場の人たちは不愉快になるに決まっています。ことにX社の現場の人たちは、「なぜ社長に直接言うんだ。俺の仕事なんだから俺に言ってくれよ」と腹を立て、「丹羽はそれが目的でうちの社長と親しくなったのか」「彼は自分を売り込んでいるだけだ」と思うでしょう。

そうして疎《うと》まれれば、いままでの信頼関係はあっという間に崩れてしまいます。要は、いくら相手に信頼されても自分の立場をわきまえなくてはいけない、ということです。

ところで、私がアメリカからようやく帰国するときに、いわゆるヘッドハンティングの話がありました。

ニューヨークの某企業からで、「給料はいまの三倍、一〇年間は保証する」と言われました。当時としては破格の好条件です。ちょっと魅力的だったのでワイフに相談すると、「あなたの好きなようにしてください」と言います。私は、どうしようかと迷いました。

当時、私は三七歳。契約が終了する一〇年後は四七歳で、その頃には二人の娘も成人しています。その意味では、安心といえば安心です。しかし、一〇年後に契約が更新される保証はどこにもない。アメリカの会社だから、役に立たなくなったら即、終わりです。その間に稼いだお金を元手に自分で何か事業を起こそうという気概も能力も、そのときの私にはまったくありませんでした。

会社には育ててもらった恩義があります。ともかく一度、日本に帰ろうと決め、そのうえで返事をすると答えて帰国しました。

帰ってみたら、皆が歓迎会をやってくれて、毎晩銀座で飲み会です。鮨は旨いし、銀座は楽しい。こんなにいいところはない。それでこの話は断りました。銀座がなければ、私はずっとニューヨークにいたかもしれません。笑い話みたいですが、本当の話なんです。

皆が「お帰りなさい」と迎えてくれて和気《わき》藹々《あいあい》と酒を酌み交わす、そんな日本ならではの人との繋がりもじつに楽しい。アメリカにはこういうコミュニケーションはなく、私の周りのアメリカ人幹部は早朝は欧州と取引し、米国の市場が閉じる午後二時頃まで働く。そしてその後ゆっくりと酒を飲みながら昼飯をとり、そのまま帰宅する生活スタイルでした。そんな生活も給料以外、それほど魅力あるとも思えませんでした。私は彼らと一緒に昼食をとりますが、それから会社に戻ってまた仕事でしたから、アメリカの会社に移れば、生活は楽になったかもしれません。でも、やはり断ってよかったと思います。

日本に帰って銀座を飲み歩いたときには、本当にほっとしました。アメリカにいたときは気付きませんでしたが、どこかで緊張していたのでしょう。仕事の緊張を解きほぐすという意味でも、やっぱり「飲みニケーション」は大事だな、と思います。

嘘をつくと毎日が暗くなる。

アメリカに赴任する前、私は一度だけ上司に嘘をついたことがあります。

二〇代後半の頃、私は油脂部で輸入した大豆の受け渡しの仕事を担当していました。

ある日、上司から「海外の船会社への請求は全部終わったのか？」と訊かれました。

大豆を運ぶ船会社への支払いは、予定日数内に荷下ろしができるかどうかで変わります。予定より早く済めば「早出し料」として船会社からボーナスをもらい、逆に予定より時間がかかれば「遅出し料」として罰金を支払います。他にも細かい取り決めがたくさんあり、そういうものをすべて計算し、ドル換算してそれぞれの船会社に請求書を出すのも私の仕事でした。

これが実に面倒な仕事で、私はつい、何ヵ月も放置していたんです。でも、やっていないと言えば上司に怒られる。私はとっさに、「終わりました」と言ってしまいました。言った瞬間、「しまった」と思いましたが、後の祭りです。終わったと言った手前、大急ぎで片付けなければならない。渡米の日が迫っていたので、数日間夜遅くまで必死に計算し、大慌てで請求書を送りました。

しかし、ほっとしたのも束の間、請求書を出した船会社のうち何社かが倒産しそうだという噂が聞こえてきたんです。そうなったら請求したお金を取りそこねて会社は損害を被《こうむ》ります。

もっと早く請求書を送っておくべきだった——。本当のことをいまさら上司に言うこともできず、請求したお金がいつ振り込まれるのか、気が気ではありません。「あの支払いはどうなったかな」「嘘をついたことが露顕したらアメリカ赴任が取り消されるかもしれない」と思うと生きた心地がせず、酒を飲んでもちっとも旨くない。暗い気持ちで毎日を過ごしました。

幸い、倒産を噂された船会社は別の会社に吸収合併され、請求したお金も無事に振り込まれました。私の嘘は、結果的に露顕しませんでした。

しかしそれ以来、私は「もう絶対に嘘をつかない」と心に誓ったんです。嘘をつけば、たとえ露顕しなくても後ろめたい日々を送ることになる。「いつ露顕するか」と冷や冷やし、毎日が暗くなる。そのことが骨身にしみたからです。

それからの私は、心が晴れやかになりました。自分に後ろめたいところがなければ、何でも思い切って言えるし、自信を持って仕事をすることができるのです。

ただ、私は「白い嘘」はあると思っています。

やっていないことをやったと言うのは「黒い嘘」です。事実と違うことを言う。「白い嘘」はそれとは違い、「知っていても言わないほうがいいこともある」ということです。やむを得ない事情から、これは口に出せない、出してはいけないという「不都合な真実」と直面することは誰にでもあります。

しかし、「白」であっても嘘には変わりありません。嘘は必ずどこかで表に出ます。個人的な「白い嘘」は、誰かが気づいても結果はたかがしれているでしょう。たとえば、奥さんに内緒でヘソクリをしていることを酔っ払った拍子に口を滑らせてしまったとしても、夫婦喧嘩になってヘソクリを取り上げられるだけで、他人に迷惑をかけることはありません。

一方、組織の中の「白い嘘」が露顕したときには、他人に大きな迷惑がかかることが多い。そもそも「白い嘘」は、「これが公になれば周囲に大きな迷惑をかける。誰も知らないのだから自分一人の胸に収めておこう」というところから出てくるわけです。しかし、それもいずれ明るみに出て大問題になることは、いまの日本の官僚や一部の大手企業がやっていることを見れば明らかでしょう。誰も知らないと思っても、誰かが見ていたり、どこかから露顕するものです。

繰り返しになりますが、永遠に表に出ない嘘はないのです。

「動物の血」が疼くとき、人は悪事に手を染める。

日本を代表する鉄鋼会社の品質管理データの改竄《かいざん》、不動産関連融資をめぐり数々の不正が蔓延していた地方銀行、大手自動車メーカー各社や国内トップシェアを持つ油圧機器メーカーで起きた性能検査データの改竄など、昨今は企業の不祥事が相次いでいます。

なぜ、こうした不祥事はあとを絶たないのでしょうか。それは、利益至上主義や成果主義にがんじがらめになり、株価や市場を意識するあまり、目に見える成果を追い求める風潮が元凶だと言えます。

もちろん企業である以上、結果は出していかなければなりません。しかし、トップが花道を飾ろうとしたり、会社より自己名誉を優先したりし、目の前の結果だけがすべてだと考えて汲々とするようになると、改竄や粉飾をしたり、小さな嘘を隠すために嘘の上塗りを重ねていったりするようになります。

こうした脆弱さは、どんな組織にも多かれ少なかれあるものです。人間の弱さ、ある種の業《ごう》と言えるでしょう。私はこれを「動物の血」と言っています。

猿から進化した猿人が地球上に登場した六〇〇万〜七〇〇万年も前から、人間には「動物の血」が流れ続けている。「動物の血」を制御する「理性の血」は人類文明の発祥と共に生まれ、たかだか一万年のものにすぎない。そんな時間の尺度でみれば、「理性の血」より「動物の血」のほうが圧倒的に濃く、強いに決まっている。

だからこそ、理性や知性によって「動物の血」をコントロールしなければいけないのですが、神ならぬ身の我々は、ふと気付けば「動物の血」が疼《うず》き出し、嘘をついたり他人を陥れたりなど、何かしら悪いことをしてしまいます。第三章で述べた「人の幸せ知る不幸、人の不幸を知る安心」（妬み・やっかみ・ひがみ）も、「動物の血」のなせる業です。

企業の不祥事に関して言えば、粉飾や改竄や贈収賄といった不正をしてはいけないことぐらい、誰でもわかっています。それなのに、やってしまうことがある。会社のため、社員のため、家族のためと、言い訳はいくつでも挙げられるでしょう。しかし、突き詰めて考えれば、すべては会社、社員のためではなく、自己保身のためです。

たとえば、直属の上司から粉飾を命じられたとき、「やらなければしょうがない。できませんと言えば、いまの仕事を奪い取られるかもしれない」と考えて不正に加担してしまう。あるいは、「そんなことはやっちゃいけないと言えば、子会社に飛ばされる」と思って、不正に目をつむる。また、「上司の言う通りにすれば自分は課長になれる」と期待して悪事に手を染めてしまうケースもあるでしょう。

すべては、「いまの仕事や地位を失いたくない」「何を言われるかわからない」という自己保身や、「出世したい」という私利私欲に端を発しているんです。

そして、喉元過ぎれば熱さを忘れてしまいます。こうして嘘の上塗りが続いていくと、ついには会社の信用失墜、あるいは存亡をも左右しかねない状況に陥ってしまいます。「会社や社員や家族のため」どころか、最悪の場合は会社がなくなり、社員全員とその家族が路頭に迷うことになってしまうわけです。

組織を成すものは人間です。その人間に「動物の血」が流れている以上、どの会社にも悪魔の誘惑に負けて不正が行われてしまう芽はあります。たいしたことじゃないだろう、と思うところに落とし穴があるのです。

それゆえに、コーポレートガバナンス（企業統治）が非常に大事になってきます。そのためにどんな立派な制度や仕組みをつくっても、それだけで完璧ということはありません。いつ、どこで「動物の血」が疼き出すか、わからないからです。〝組織〟以上に〝人〟がすべてです。

良心に忠実に生きよ。それが会社を救い、社会を救う。

いまから五〇年以上前の入社三年目の頃、私は隣の課にいる同期のC君と酒を飲んでいるとき、こんな話を持ち掛けられました。

「じつは、うちの課には不正があるんだ。課長は下請けから請求書がきても支払わず、会社に隠れて粉飾をしようとしている。しかも自分の立場を守るために、俺に粉飾の証拠になる書類を持たせた。家にも会社にも置いておけないから、いつもこうして持ち歩いているんだ」

そのために彼はとても苦しんでいます。私の持ち前の正義感が湧きあがってきました。

「お前、何やってるんだ。そんな会社にとって悪いことをしちゃ駄目だ。絶対にやるな。よし、わかった。お前が言えないなら、俺がその課長に言ってやる！」

さっそく翌日、彼の上司のところへ出かけました。

「あなたがやっているのは粉飾だ。なぜそんなことを若い者にやらせるんですか」

しかし、その上司は「なんだお前は、よその課へ来て何を言うんだ」と取り合いません。

「C君は誰にも言わないでくれと言いましたし、上司の命令だから仕方ないと思っているようですが、私はそんなこと、同じ会社の一員としてやっちゃいけないと思うから、失礼ですが来ました」

さらにこう言いましたが、まったく埒《らち》が明かない。しかもその上司は、私の直属の課長に、「丹羽は生意気だ。新人のくせにうちの課にまで口を出すとは何事だ」と、逆に抗議してきたんです。直属の課長は「それぞれいろいろ理由はあるもの。よその課のことに口を出すな」と言います。

業を煮やした私は、彼らより一つポジションが上で、当時新進気鋭のアメリカ帰りの本部の課長に掛け合いました。彼は、

「丹羽君、よく言った。そんな不正が公になれば会社全体が粉飾したことになる」

と言い、不正をしていた課長を呼び、善処するように指示してくれました。

ところが、それで一件落着とはなりませんでした。私は周囲から「丹羽はスパイだ」と白眼視され、一時的に村八分の状態に置かれてしまったんです。隣の課が属する部会では、「不都合なことを丹羽に知られると、すぐ上に言いつけるから気を付けろ。あいつとは付き合うな」と言っていたようです。先輩からも、「ちょっとやり過ぎだよ」と言われ

ました。

C君とはいままで通り付き合っていました。彼は、「丹羽君、悪いな」としきりに言い、申し訳なさそうにしています。そのC君も自分の課の中では、「お前、あんなのとまだ付き合っているのか。やめておけ」と言われていたんです。このときほど、自己保身の醜さと愚かさを感じたことはありません。

スパイと言われたってかまわん。若いんだから、クビになったってどこにでも行ける。こっちは正しいことをしたんだから、心の中で「よくぞ告発してくれた」と思っている社員もたくさんいるはずだ――。私はそう思っていましたが、さすがに不愉快で、会社というのはおかしなところだと、つくづく思ったものでした。

ですから社長になってからは、時々若い社員と酒を飲んで、ふだんは話せないことを訊くようにしていました。

二〇年以上前のあるとき、一緒に飲んでいた若手のD君が「本社ではないあるところで経費の使い込みの噂を耳にしました」と言うのです。そこで私は、社内メールで匿名でよし、犯人捜しはしないから社長宛にその辺で起きている噂話だけを伝えるように、と言いました。

私は内々に監査室長に監査を命じました。その際、「きみだけに言っておくが」と前置きして、どこの部課か不明だがこの部署一帯を調べるように言いました。周辺一帯を調べれば、必ずわかるからです。こうして交際費、会議費、旅費などの経費を全体的に調べていくと、不正が出てきたのでした。

周辺一帯を調べさせたのには、もう一つ大きな理由がありました。ある部署にターゲットを絞ると、「誰が密告したんだ」と犯人捜しが始まってしまうからです。それはいままでの経験からよくわかっていたので、非常に気を遣いました。

監査という形にしたのもそのためです。監査は必ず数年に一度あります。だから誰かが〝密告〟したと断定することはできないのです。ほんの一人の不正のために何百人という社員が監査の対象になりますが、「せっかく告発があったのだから」と急いで特定の部署を調べても、いいことはほとんどないのです。トップはそこまで気を遣わなければなりません。

告発した社員が特定されれば、その社員は必ず村八分状態にされるので、皆は萎縮し、誰も本当のことを言わなくなってしまいます。したがって、告発者を救うことを第一に考えるべきです。そうすれば、告発者が会社に居づらくなったり、自殺したりするような問題は起きないでしょう。

これはトップの責任です。すべからく弱い者を救え、弱い者の味方になって考えろ

――。こういうことを誰も言わないから、あえて私のような昔の経営者が言っているんです。

不祥事を起こした企業のトップが謝罪会見で頭を下げているシーンを、皆さんはよく目にするでしょう。その企業の中にも、社長の謝罪会見を見ながら、「だから言ったでしょう」と思っている人がいるはずです。現場には必ず、「これ、まずいですよ」と声を上げる社員がいるんです。そのときに上司がちゃんと対応していれば、謝罪会見をするような事態にはなりません。「お前は黙っていろ」などと圧力をかけるから、不祥事が起こるのです。

企業不祥事が起こるたびに、私はロマン・ロランの長編小説『ジャン・クリストフ』を思い出します。主人公のジャン・クリストフは、自分の気持ちに正直に生きるあまりさまざまな困難にぶつかりますが、それを乗り越えて作曲家として成功していきます。私は学生時代にこの本を読み、自分の気持ちに忠実に生きるのは本当に難しいと思いました。

世間ではよく、「自分の心を曲げて妥協せざるを得ないこともある。それができるのが大人というものだ」と言われます。でも、それはおかしい。

正義を貫いているにもかかわらず、昔の私のように理不尽な目に遭ってしまうことが、皆さんにもあるかもしれません。それでも、できる限り、自分の良心に忠実に生きる努力をしてほしい。それが会社を救い、ひいては社会全体を救うだろう、と思っているからです。

ただ一つ気をつけてほしいのは、あなたを支持してくれる先輩、上司に話をし、一緒に動いてもらうことが大切だということです。正義は必ず勝つとは限りません。玉砕になってはいけません。

いまも日本だけでなく世界のあちこちで、政官財問わず、「動物の血」が騒ぎこうした不祥事は身を潜めていることでしょう。読者の皆さんには、心に刻んで欲しいと願っています。

空気を読んでも顔色は読むな。

「沈黙の螺旋」という言葉をご存じでしょうか。

自分の意見が少数派だと感じると、人は孤立を恐れて沈黙する。逆に自分が多数派だと知れば、いままで以上に声高になる。すると少数派は多数派に押されてますます意見が言えなくなる。その結果、多数派の意見が実態よりも支持されているように見える。こうした世論形成の過程を示した言葉で、ドイツの政治学者E・ノエル＝ノイマンが著書『沈黙の螺旋理論』で指摘した説です。

いまの日本はこの状態に近いと思います。現政権が誕生してから日本の政治では、リーダーの意向か否かにかかわらず、忖度過剰なのか、多くの人が自分たちの好きなように国の方向やシステムを次々とつくり変えていこうとする動きが続いています。しかしほとんどの人は、「何を言ったって、どうせ変わりゃしない」というあきらめから、疑問も異議も唱えない。「沈黙の螺旋」に拍車がかかっていることが、私は気がかりでなりません。

海外から十数年ぶりで帰ってきた友達は、私にこう言いました。

「日本は変わったね。日本人はものすごくおとなしくなった。特に若い人たちは自分の意見を何も言わない」

「そんなことないよ、変わってないじゃない」と私が言うと、

「いや、きみも茹でガエルと同じ湯の中にいるから気付かないだけだ。たまに日本に帰ってきて、このお湯の温度に触れたらわかる。こんなところによくいるね、と感じるよ」

言われてみれば、確かにいまの日本人は「茹でガエル」になっています。

鍋の水の中にカエルを入れてほんの少しずつ熱すると、カエルは温度変化に気付かず、茹であがって死んでしまう——。もちろん実際には、カエルは途中で驚いて外に飛び出します。「茹でガエル」とは、ゆっくりとした環境の変化に気付かず（あるいは無関心で）、気付いたときには手遅れになっている、という喩《たと》え話です。

いまの日本人は、国の行方に危うい空気が漂っているにもかかわらず、深くものごとを考えず、なんとなく現状に流されて生きているように見えます。ぬるま湯のような現状に満足しているうちに、「茹でガエル」になっているのです。

こうした傾向は組織にも言えるでしょう。日本人は和を重んじるので、その場に漂っている空気を読むことが、ある種の礼儀のようになっています。以前は「ＫＹ（空気が読めない）」、いまは「忖度」という言葉が流行しているのも、その表れだと思います。

空気を読むこと自体は、別に悪いことではありません。その場その場で空気を読んで対

応するのは、社会人として当然です。しかし、周りの人の顔色を窺《うかが》って、反対意見があるのに遠慮して言わないのは良くありません。それは賛成しているのと同じだからです。自分を曲げてまで、周囲に同調する必要はないのです。

ところが現実には、会社の会議では周囲の顔色を窺う人が多い。私の経験から言えば、ある意見に対して積極的に賛成する人が二割、反対する人が一割。残りの七割は、特に賛成でも反対でもなく周りの動向に従う。どこの会社でも、会議に参加する人はそんな比率で構成されているのではないでしょうか。

特に賛成でも反対でもない七割の中には、どちらでもいいから多数派についておこうとする「寄らば大樹タイプ」や、トップや上司の機嫌を損ねたくないから賛成しておこうという「ゴマすり賛成タイプ」が潜んでいます。こういう社員が多い会社は、「沈黙の螺旋」を常に描いていくようになります。

その結果、コンプライアンス（企業倫理）に関わる問題が起きてくることも少なくありません。たとえば、上が何か悪いことをしようとしているのに、「何か言って上司の機嫌を損ねたくない。俺が言わなくても誰かが言うだろう」ということになる可能性があります。そういう空気が当たり前になってしまうと、皆が「茹でガエル」になり、気付いたときには手遅れ、という事態にもなりかねません。

あるいは、派閥同士の争いが起きて組織をダメにしてしまうこともあります。

私は派閥そのものが悪いとは思っていません。人間には好き嫌いがあるので、同じ考えの人が集まって、「ワイワイガヤガヤ」やるのは自然なことです。ただし、全体を絶えず公平公正に眺めてものごとを決める目をなくして、派閥を優先するようになると、派閥は「悪」になります。派閥の長は、こうした欠点をよく知ったうえで派閥を運営しなければいけない。いまの日本の政界は、それができていません。

いずれにせよ、いつも周りの顔色ばかり窺って付和雷同する人は、自分の軸を持っていないのだと思います。「軸」とは、自らの良心に従って柔軟に考え、行動する力のことです。そうした軸を持てるかどうかが、「動物の血」が抜けきらない人間としての最大の課題だと言えるでしょう。

「清く、正しく、美しく」

あとを絶たない企業の不祥事。そうならないために、何をすればいいのでしょうか。日頃から、「清く、正しく、美しく」を実行すればいいのです。

「清く（Clean）」は、高い倫理観や良識ある行動を示します。ひとことで言えば、法律違反をしないことです。

「正しく（Honest）」は、透明度、情報開示、あるいは社会正義に反しない行動を意味します。端的に言えば、嘘をつかないことです。

「美しく（Beautiful）」は、他者に対する思いやりがあり、心と行動が人間として美しいことを意味します。卑近な例で言えば、挨拶をきちんとすることです。

あなたは、この三つのことがちゃんとできていますか？

「悪いことをするな、嘘をつくな、挨拶をちゃんとしろ？　馬鹿らしい。そんなこと小学生でもわかってるよ」と思うかもしれません。しかし現実には、できていない人が多い。どの会社でも、できていない人がたくさんいます。仕事をできるだけサボろうなどと悪いことを考えたり、嘘をついたり、挨拶をしない人などです。

そこで私は、一九九八年に社長になったとき、社員の意識改革を促すために、「まず、『清く、正しく、美しく』を実行しようじゃないか」と提案しました。組織を動かす個々の人間が正しい倫理観を持たなければ、何をやってもうまくいかないからです。

社員からは、「誰でもそんなことは言われなくたってやりますよ」といった反発もありましたが、「やれていないから言うんだ」と私は答えました。言葉にすれば易しいことほど、実行するのは難しいのです。

我々は聖人君子じゃないんだから、常に「清く、正しく、美しく」行動することはできません。そんなことができる人は世の中に一人もいない。私だってそうです。だからこそ、常に「清く、正しく、美しく」を意識し、人に迷惑をかけていないか、欲望をできるだけ抑えているかと、自らを顧みることが大切です。

「清く、正しく、美しく」を言葉だけのお題目に終わらせないためには、トップに立つ人間が率先垂範することが大事です。社員は、言葉ではなくトップの背中を見て、この人は本当に信用できるかどうか判断します。

トップとして最も重要なことは、社員の信頼を得られるかどうかです。つまり経営は、トップと社員の「信用受託」で成り立っている。トップは社員に信用されるためにも、強い倫理観を持っていなければなりません。

その倫理観の骨格にあるのは武士道精神です。ちょっと堅苦しい話になりますが、明治から昭和初期の教育者・思想家の新渡戸《にとべ》稲造《いなぞう》が著した『武士道』によれば、武士道精神の源にあるのは仏教と神道、そして『論語』をはじめとする儒教の教えです。

儒教のいう五常《ごじょう》、すなわち人が常に守るべき五つの道徳は、「仁（他者への思いやり）・義（利欲を捨て条理に従うこと）・礼（社会秩序を保つための生活規範）・智（道理や知識）・信（信用と信頼）」です。この中で企業にとって最も大切なのは「信」です。社会から信用され、経営者が社員から信頼されなければ、会社は成り立ちません。

あちこちの企業でガバナビリティー（統治能力）が問われるような問題が起きているのは、経営者がコンプライアンスの三原則である「ＴＤＲ」を忘れているからだと思います。

Ｔ（transparency）は、経営の透明度を高めること。

Ｄ（disclosure）は、世間に対しても社員に対しても適切に情報を公開すること。

Ｒ（responsibility）は、トップが社員、市場に説明責任を果たすこと。

経営の透明度を高めて情報を公開するだけでは駄目で、どうしてこういうことをするのか、どうしてこういうことをやらないのかを、社会や社員に対してきちんと説明しなければいけません。

口先では「我が社の経営はガラス張りです」「社員を信頼しています」などと言いながら、隠し事や密室政治をしていたり、社員に本当のことを言えば必ず表に出てしまうと思っている経営者が、いまだにいっぱいいるから、いろいろな不祥事が起きるのです。そんなことじゃ、いつまで経っても信用されません。逆に言えば、「TDR」を徹底すれば信頼を得られるわけです。

一度失った信頼を取り戻すのは簡単ではありません。私に言わせれば、社員の信頼を裏切った経営者は、さっさと辞めるべきです。そういう謙虚さがなければならない。そして、社外の人ではなく社内事情に精通している上級社員が、信頼できる経営陣を選ぶ一翼を担うことです。社員の信頼を得られる経営陣であれば、その信頼をベースにものごとが進むので、会社を良い方向に転換させることができます。問題は上級社員が特定の派閥やグループに属している場合です。大切なのは、指名委員会に入る上級社員が、公平・オープンな意見を述べることです。

部長クラスは、その経営陣の下でおのおのの役割をしっかり果たしていけばいい。役員や常務以上にならないと、やはり会社を動かす力にはならないのです。部長クラスがいくら頑張っても、改革はうまくいきません。「あの野郎、自分だけいい子になりやがって」「他の部は適当にやっているのに、どうしてうちの部だけこんなことをしなきゃいけないんだ」などと反発を買い、協力を得られないからです。

私は、「信」は「仁」につながると思っています。周りから信用される企業でなければ、世のため人のためになる事業をしようということにはならないし、世のため人のためになろうという気概がなければ、信用は生まれてきません。

ですから、たとえ一時的に儲かったとしても、人のため、社会のため、国のためにならない事業は、確固たる信念を持ってやめる勇気を、トップは持たなければなりません。トップは常に自分の倫理観に照らし合わせて自戒し、その決断をする必要があります。

「清く、正しく、美しく」と、しつこいほど私が言い続けたのは、社員に対してだけでなく、自分自身に対しても、この倫理観に照らし合わせて仕事をしていかなければいけない、と思っていたからです。

腐ったリンゴは元に戻らない。

私が社長になった頃、会社はバブル崩壊の後遺症によって不動産などの不良資産を抱えて大幅赤字に転落し、会社をどう再建するか、崖っぷちの決断を迫られていました。

私は、不良資産を一括処理するしか道はないと思っていました。膿《うみ》を出し切るには思い切った決断をしなければなりません。ただ、市場がどう反応するかはわかりません。株価が下がり続ければ、会社が倒産してしまうかもしれません。

一方、上級役員や銀行は、一〇年、二〇年という時間をかけて少しずつ償却していけばいいという意見が大多数でした。当時はどの企業も、こうしたソフトランディングの道を選んでいました。

しかし、それでは社員がいくら一生懸命働いても、利益は不良資産に吸収されていきます。給料も増やせない、人材も増やせない。新規事業に投資もできない、株主に配当もできない。社員の士気は下がり、社内は暗い雰囲気になってしまいます。

悩みに悩んだ末に覚悟を決め、社長就任から一年半後の一九九九年一〇月、不良資産を一括処理し、三九五〇億円の特別損失を計上すると発表しました。当時、この特損処理は業界だけでなく日本でも最大規模。バブル崩壊で巨額の含み損を抱えた企業の中で、これほど大胆なことをやったのは伊藤忠がはじめてです。私が社長時代に行った最も大きな決断でした。

不良資産は腐ったリンゴと同じです。決して元には戻りません。むしろ、時間が経てば経つほど腐敗がひどくなっていく。腐った部分を少し削っても、またどんどん増えていきます。決して損は小さくならない。だから、とにかく早く切って捨てろ。これが私の信念でした。この信念に基づいて、思い切って腐ったリンゴを捨てることにしたのです。

それを社員に説明するために、男女を問わず全社員を東京に集めて、会社初の社員集会を開きました。旅費がかかる社員には会社が払い、出席できない社員にはインターネットを通じて参加してもらいました。そして、「今期は無配で皆さんの給料も増やせない」と、会社が置かれた状況を包み隠さず説明しました。それまでは株価への影響を考えて社員に本当のことを話せなかったのですが、コンプライアンスの三原則「ＴＤＲ」に立ち返り、社員を信頼してすべてを明らかにしたのです。

三期連続赤字の子会社は、ほぼ全部整理しました。当時、子会社は一〇〇〇社以上あり、日本最多と言われていましたが、調べてみると、子会社全体で毎年数百億円の赤字を出していて、利益をはるかに上回っていました。整理した子会社は最終的に四五〇社を超えました。退職金を大幅に上乗せしたため、一時的に大きな損失になりましたが、目先のことだけに捉われていては、肝心の「利益創出」はできません。

また、企業年金積立金の金利を従来の六%から三%に引き下げ、それが嫌な人には積立金を引き取ってもらうことにしました。バブル期でも銀行の普通預金の金利は約二%だったのに、六%も金利を付け続けたら、会社は不良債権の塊になって潰れてしまいます。

しかし、お願いをしたOBの大半は「ノー」と言い、「会社が潰れるわけがない。社長の一存でそんなことをやっていいのか」と大問題になりました。役員には全員、積立金を引き取ってもらうことにしました。役員が射程距離に入っている人たちには、「私は役員にならなくてけっこうですから積立金はそのままでお願いします」ということなら申し出るように伝えましたが、一人も役員辞退者は出ませんでした。

二期無配を続けたときには、社長OBへの給料支払いを七五歳で打ち切り、私の代からこの制度を全廃しました。社長になるまで知らなかったのですが、伊藤忠だけでなく多くの大企業には歴代社長の給料をお亡くなりになるまで支払い、黒塗りの高級車と秘書付きという制度があったんです。

このときも皆さんの反対は当然でした。皆、いざとなれば「動物の血」が騒いで、会社の将来よりも自分の都合を考えるものです。

ＯＢの中には、「これからの人生設計が狂う」と言う人もいました。八〇歳を迎えるいま、私もその不安がわからないわけではありません。しかし当時は、「七〇過ぎて何が人生設計だ。貯金もあるだろう。若い社員のほうがこれからの人生はずっと長いんだ。そもそも、会社をこんなふうにしたのはあなたたちじゃないか」という言葉を何度呑み込んだかしれません。

私はＯＢたちから猛烈に批判され、恨まれました。それでも会社存続のためにやらなければいけない。一人の人間が会社にいるのはせいぜい四〇年ですが、会社は永遠です。ずっと続いていきます。だからこそ、あとに入ってくる人のために、一部のＯＢが猛反対しても必要な手を打たなければいけないんです。

その頃の私は、会社を救って社員のためになるのなら自分は死んでも構わない、というくらいの心境でした。格好をつけているんじゃありません。そういう気持ちでなければ、とてもじゃないがこうした大改革はできません。

特損処理をした結果、二〇〇〇年三月期決算は単体で一六三〇億円の赤字を計上し、無配となりました。そのけじめを付ける意味で、「当分の間、給料を全額返上する」と私は宣言しました。前期も無配で報酬をカットしていたので、これ以上けじめを付けるには無報酬しかありません。役員や社員の意識を変革するには、トップの覚悟を示さなければならない。

これは私の独断で決めたことですが、役員から「我々も返上します」と声が上がりました。でも、役員全員が無報酬になれば今度はその下の部長クラスが責任を感じ、横並びで給料返上という雰囲気になってしまいます。そうなれば責任の所在が曖昧になるし、彼らの家族にも迷惑がかかるので気持ちだけ受け取り、「タダ働き」は私のみにしました。

ただ、当時の会長の室伏稔さんが、「お前だけにやらせるわけにはいかない」と言ってくれたので、共に給料を返上することになりました。彼にはトップとしての経験がありますし、けじめを付けるという意味でも不自然ではないと考えたからです。

生活はどうにかなると思っていましたが、給料返上を知ったワイフは、「あなた、税金はどうやって払うの？　急に貯金から払えと言われても困りますよ」と言いました。

えっ、税金？　家計のことはワイフに任せきりだったので、前年の所得によって税金を納めなければならないことを、私はまったく考えもしてなかったんです。迂闊《うかつ》でした。

しようがない。会社から借金です。人事部に行って、

「俺は逃げも隠れもしない。社長だ。給料を貰うようになったらすぐ返すから、税金分だけ、ちょっと貸してくれ」

と、お願いしました。ワイフは呆れながら、なんとかやり繰りをしていました。

損は想定の三倍になる。

不良資産の一括処理を行うにあたって、私が最初にしたことは、特命チームの立ち上げです。極秘で社内の知恵者・有力者を七名ほど集め、各事業や資産の実態を把握するために、部課長クラスに聞き取り調査をするよう指示しました。

「会社が抱えている損を徹底的に洗い出してくれ。隠した人には責任を取らせる。給料ゼロどころじゃない、クビだ」

いつの時代にも通じることですが、こういう調査を任せるメンバーは、トップが心から信頼する優秀な社員でないといけません。間違った結果が出たら、大きな二次災害が生じることになります。

このときの特命チームには、私より社歴が長い人も何人か入ってもらいました。「あのとき、あの部署はこれだけの損失を出した。それがまだ残っているはずだ」といった過去のことをよく知っているからです。そういう人の協力なくしてはできません。

こうして三～四ヵ月調査を続けると、出るわ出るわ。特命チームの面々は、想定を超える損失が続々と出てきたので驚愕しました。しかし、そんなことで驚いているようでは甘い。

損失というのは、よく調べてみると、大雑把に把握している額の約三倍になることが多いのです。人間は自分の出した損を自己申告するとき、自己保身という「動物の血」が頭をもたげ、できるだけ小さく報告するからです。露顕しなきゃそれでいい、と思うわけです。

これは私の経験則です。一九七七年、伊藤忠商事は、経営危機に陥っていた安宅《あたか》産業（かつての一〇大商社中九位の商社）を吸収合併しました。当初の話では、安宅産業が抱える負債は約一〇〇〇億円でした。当時、ニューヨークから帰ってきたばかりの私は直接の担当ではなかったのですが、内心、一〇〇〇億ならなんとかなるんじゃないかと思っていました。ところがしばらくすると、どうもそれだけでは済みそうにないとわかってきて、最終的に安宅産業の損失は三〇〇〇億円だと判明したんです。「なるほど、損というのは想定の三倍になるのか」と、私は思いました。人間の性《さが》というか、「不変の習性」なのかもしれません。

そんな経験があるので、このときも私は「三倍ぐらいになるぞ」と直感的に思い、特命チームに二回目の指示を出しました。

「本当の損失はそんなもんじゃないだろう。絶対にまだ隠れている。『本当にこれだけですか？　もし隠していた場合は会社を辞めていただきますよ』と言って調査してくれ」

するると、損失の額は最初の二倍になりました。特命チームの面々は「そろそろいいでしょう」と言いますが、私は「まだ下っ端が隠しているはずだ」と手を緩めません。本当のことを言ったら課長になれない、などと思っている社員が、必ず机の中に隠しているはずです。

そこで、「これは最後のバスだ」と言ってさらに調査するよう指示しました。

最後のバスが出たあとで、机の中の損失を抱えて「やっぱり乗せてください」と追いすがっても、振り落として置き去りにする。これは本気だ。俺はそんな冷酷な男なんだ——。

言葉を換えれば、「社長の私が責任を取るから、隠さずに全部出しなさい。あとになって損失が発覚したら、もう温情はかけられない。その損を給料で相殺するか、会社を辞めてもらうか、何らかの形で社員に責任を取ってもらう」ということです。

すると調査の結果、またまた損失が出てきました。

こうしたことは、不祥事を起こした企業にも当てはまると思います。損失にしろ、不正にしろ、調べてみると最初は役員クラスから、次は部課長クラスから、最後は平社員や子会社から次々と出て、どんどん増えていく。子会社がけっこうたくさん損や不正を隠していることもあります。本当の会社の姿は、たった一回の調査で把握し切れるものではありません。

ちなみに、利益の場合はどんどん増えていくことはありません。利益を出せば、皆が我先に「私がやりました！」と報告するので、最初にドーンと出ます。最後に出てくるのは、ほとんどどうでもいいような利益です。人間というのは、そういうものなんです。

話を元に戻しましょう。再三の厳しい調査の結果、会社全体が抱えている損失は、たまたまでしょうが、私の予想通り当初の約三倍になりました。その結果、一九九九年秋に発表した三九五〇億円の特損計上となったわけです。この額にはさすがに血の気が引きましたが、財務体質の改善などにより会社は信頼を取り戻し、二〇〇一年には連結で純利益七〇五億円という過去最高益を達成することができました。

そのとき、私はこう言って社員たちを励ましました。

「赤字はすべて整理した。これからが会社の本当の力なんだ。もう何も心配しなくていい。これからきみたちがやることは、すべて利益になる。儲かったらボーナスを弾む」

社員が隠蔽することなく全面的に協力し、懸命にやってくれたから、V字回復ができたんです。だから男女を問わず、非正規社員であろうと、アルバイトであろうと、ボーナスという形で皆に還元したい。役員だけボーナスが増えるなんてあり得ない。それが私の気持ちでした。

会社が生き返ったいちばんの要因は社員です。経営者を信用して、若い社員たちがついてきてくれた。トップが体を張れば、社員はちゃんとついてきてくれるんです。

もう一つの要因は、ステークホルダー（利害関係者）に嘘をつかなかったことです。

私は財務担当専務と二人だけで、海外の投資家にも説明に出かけました。当時の日本の大手企業は、社長の海外出張に通訳や部下が大勢付いてきて大名行列みたいでしたが、我々は通訳もなし。英語で会社の状況を包み隠さず説明して無配になりますと言うと、当然ながら皆、不満を顕《あら》わにする。「これだけ説明しても不満なら伊藤忠の株を売却してください」と言い、投資家と大喧嘩になったこともあります。ところが翌日、大喧嘩したその相手が伊藤忠の株を買ってくれたのです。投資家相手に大喧嘩をするほど経営者は自信があるんだと、逆に我々を信用してくれたのです。

一時は株価が二〇〇円を割り込み、「伊藤忠は潰れる」とまで言われましたが、特損処理をやったとたんに株価は跳ね上がり、これで大丈夫だと安心しました。

過去最高益を達成したあと、私はさらに不良資産を洗い出し、それを償却しました。そして二〇〇四年、社長就任時の公約通り、三期六年で社長の座を退きました。

退任直前の二〇〇四年三月期決算では、翌年度から始まる国際会計基準をあえて一年早く適用し、三一九億円の赤字を出しました。「私には退任の花道は不要」と、役員には伝えておりました。膿を出し切る「掃除屋」として、私は会社を一点の曇りもないきれいな状態にしたうえで、次の社長にバトンを渡したかったのです。

人は三年権力を握ればバカになる。

長い中国の歴史上で最も繁栄した唐の時代には、優れた諫言《かんげん》の士がいました。名君といわれた二代目皇帝・太宗《たいそう》に仕えた魏徴《ぎちょう》です。彼は、癇癪を起こす太宗を二〇〇回も諫《いさ》めたといわれています。魏徴が死んだとき、太宗は「朕一鑑《ちんいっかん》を失う」と大いに嘆きました。太宗は魏徴を、自分の至らなさを知り過ちを正すための鑑《かがみ》にしていたのです。

また、初代紀州藩主の徳川頼宣《よりのぶ》（家康の第一〇子）は、幼い頃、機嫌が悪くて家臣を刀の鞘でさんざん叩いたことがありました。これを知った躾《しつけ》役の附家老・安藤直次《なおつぐ》は、頼宣の膝を力一杯つねって諫めたため、頼宣の膝には長い間、黒い痣《あざ》が残りました。頼宣はこの痣を見るたびに、自戒の気持ちを保ちました。そして、その痣が消えていくにつれて自戒の心もだんだん薄らいでしまったと、反省していたと伝えられています。

いつの世でも、トップの過ちや行き過ぎを正し、暴走しそうなときには歯止めをかける諫言の士が必要です。諫言の士がいることは、組織がうまく回る秘訣です。

しかし、いまの日本に魏徴や安藤直次のような人は極めて少ない。出世のためにトップにおもねる人や、自分に被害が及ぶのを恐れて苦言を呈さない人ばかりに思えます。これは経済界だけでなく、政界や官界、スポーツ界も同じです。結果的に、忖度する部下が悪いトップを育て、不正やパワハラなどの暴走を許してしまっているかもしれません。下から注意されないと、トップは傲慢になります。現場で働いている人たちの苦労を考えなくなり、世間の常識からずれた判断をするようにもなります。「人間、三年権力を握ればバカになる」と昔から言われているのは、あながち間違いではない。

私は社長時代も会長時代も、「バカ」にならないために片道一時間近い電車通勤を続けました。満員電車に押し込められて蒸し暑い思いをしたり、他人の雨傘で冷たい思いをするのは、誰だって不愉快です。突かれれば腹が立ちます。でも社員は皆、こういうしんどい思いをして通勤している。そうした普通の目線からずれてはいけないと思っていました。

運転手付きの黒塗りの車で通勤するほうが快適に決まっています。しかし、そんな生活をしていたら、世間の常識、普通の感覚からどんどん遠ざかっていきます。傲慢、不遜といった人間の業が増長し、いつの間にか本来の倫理観を忘れてしまうようになるでしょう。

不自由を常と思えば不足なし――。確か徳川家康の遺訓だと思いますが、私の大好きな言葉です。頭の片隅に、いつもこの言葉があるんです。

私の自宅は、課長時代に建てた築四〇年近い家です。家なんて雨露が凌《しの》げればいいと思っているので、「会長だったわりに粗末だな」と指さされても、ぜんぜん気になりません。大きなお世話だ、あんたのために建てたんじゃない、と言いたいくらいです。

近所の家はベンツやBMWに乗っていますが、我が家は年季の入ったカローラで、「社長なのに？」と言われたこともあります。家に取材に来る新聞記者の合い言葉は、「カローラを探せ」でした。そのカローラも売り払い、いまの主な移動手段は自転車です。でも、この歳になると自転車で坂道を上り下りするのがしんどい。そうかといって電動自転車に乗るのも癪《しゃく》だから、歩くことが多くなりました。移動手段は徒歩と自転車と電車の三つで充分です。

いろいろなことを言う人もいますが、言いたい人には言わせておけばいい。もともと私はそういう性分なんです。埼玉県の大宮に住んでいた若い頃は、雨が降ると家の近くの田畑や道路が冠水するので長靴を履いて出勤し、そのまま仕事をしていました。さすがに会社ではズボンの裾を長靴の外に出していましたが、人は一瞥して「ヘンな靴だな」という顔をします。でも、たいしたことじゃない。自分が気にするかどうかだけの話です。

ニューヨーク駐在時代には、髪はずっとワイフにバリカンで刈ってもらっていました。最初のうちは慣れないので刈りすぎてしまい、後頭部にハゲみたいな刈り込みができました。でも、私には見えないし、ワイフもハゲをつくったことを言いません。そのまま出社したら、後ろの席の部長が、「きみ、変わった床屋に行ってるね」と、ポツリと言いました。それからは、「ハゲをつくったときは言ってくれ」とワイフに頼むようになりました。言ってくれれば、墨を塗るなどカバーのしようもある。実際に墨を塗って出社したこともあります。遠くから見ればわからないし、部長はともかく、誰かが俺の頭をずっと見ることもないだろうと、まったく気にしませんでした。

そういう性分だから、社長になっても生活を変えようとは思いませんでした。第二章でも述べましたが、会社を辞めれば皆、「ただのオジサン、オバサン」です。社長であっても部長であっても、退職したらどう身を処せばいいかを考えるのではなく、自分がその役職にいるときから、普通の生活をしていればいいのです。そうすれば、役職から降りて「ただのオジサン」になっても生活は何も変わりません。それを「偉くなったから」と急に立派な家を建てたり、奥さんが金ピカのものを着たりするから、退職後の身の処し方に悩んだりしてしまうわけです。

私の生活と性分は、昔もいまも変わりません。これからも言いたいことをできるだけ心に忠実に言いながら、普通の生活を続けていくでしょう。

第五章　努力とチャンス

努力の差は「二：六：二の法則」に表れる。

どんな会社でも、社員全員が優秀ということはあり得ませんし、全員の出来が悪いということもありません。だいたいは、優秀な人が二割、普通の人が六割、劣る人が二割という割合で構成されているものです。

たとえば社員が一〇〇人いるとすれば、上位二〇人が高い生産性を上げて、その会社を引っ張っていく。中間の六〇人はそこそこの水準で上位二割に付いていき、下位の二〇人は生産性が低い、ということです。上位二割の人たちが抜けて社員が八〇人になったとしても、その中でまた、社員は上位二割、中間六割、下位二割に分かれます。

学校も同じです。小学校から大学に至るまで、一流校であっても、そうでない学校であっても、生徒の成績はだいたい上位二割、中間六割、下位二割に分かれます。

これを「二：六：二の法則」といいます。人間が構成している組織には、すべてこの法則が当てはまるようです。

では、二割の優秀な人と六割の〝並の人〟との差は、どこにあるのでしょうか？　私は、頭の良し悪しではなく「情熱」と「気力」の差だと思います。

上位二割の人たちは、情熱と気力を持って仕事に没頭しているので覚えが早く、どんどん伸びていきます。六割の中間層は、それに比べると情熱と気力が足りない。上司に言われたことだけやっていればいいだろう、というのでは上には行けません。

逆に言えば、いまよりもっと仕事を覚えよう、もっと効率をよくしようという情熱と気力を持てば、上位二割に入れる可能性は充分にあるわけです。情熱と気力を高めるには努力が欠かせません。第二章で述べたように、人間の能力にはたいして差はないのだから、努力次第で上の二割に入っていけるのです。

下位二割の人たちは、努力をしていないから「劣る」と評価されているわけです。しかし彼らにしても、これではいけないと一念発起して努力を重ねれば、八割の中間層以上に上がっていくことが可能です。

その意味で、「二：六：二の法則」は、人間の「努力の差の法則」とも言えるでしょう。上位二割の人たちも、いつ下のクラスと入れ替わってしまうかわからないのですから、さらなる努力が必要です。

「二：六：二の法則」は、社会全体にも当てはまります。いわゆる上流が二割、中流が六割、下流が二割ということです。いくら世の中が変わっても、下流の二割はどうしても生まれてきてしまうものです。これは仕方のないことです。

これまで日本の中流層の労働者は、企業や社会から大切にされ、きちんとした教育を受け、責任感を持って仕事をし、質の高い製品やサービスを提供してきました。そうした製品やサービスに、「もっとこうしろ、ああしろ」と口うるさく向上を求めてきたのも、同じ中流層の消費者です。企業側は、その要求を満足させようとさらに品質向上を目指して研究開発に努める。それが日本の強みとなり、「ジャパン・ブランド」を支えてきました。

しかしいま、中流層の労働者は大切にされず、消費者は経済的に疲弊しつつあります。少子高齢化の進む日本が外国と伍していくには、大多数を占める中流層に希望を与えなければいけません。それこそが、上位二割のエスタブリッシュメントの役目です。自分たちが体を張ってでも中流層が希望を持てる社会にしていこう、日本を変えていくんだ、という気概で動かなければいけません。

しかし現実には、そういう人は非常に少ない。

「ボーっと生きてんじゃねーよ！」

これが今日の日本の、いちばん大きな問題です。

「ドングリの背くらべ」を続けていたら、仕事を奪われる。

日本には、「死にものぐるいで働くなんてまっぴらだ」と考える若者が多いようです。財団法人日本青少年研究所が、日本、アメリカ、中国、韓国の高校生六六四七人を対象に行った「高校生の進路と職業意識に関する調査」の結果（二〇一三年三月発表）によると、職業を選ぶ際に「安定性」を重視すると答えた日本の若者は九三・九％で四ヵ国中最も多く、「挑戦性」と答えたのは六七・九％で、四ヵ国中最下位でした。将来就きたい仕事のトップは「国家公務員、地方公務員」で、「自分で起業する」と答えたのはわずか六％と断然低い。

また、「あなたは偉くなりたいか」という問いに対して、「強くそう思う」「まあそう思う」と答えたのは、中国八九％、アメリカ七四・九％、韓国七二・七％に対して、日本はたったの四五・八％。「偉くなると自分の能力をより発揮できる」と考えている人は四割にも満たず、これも四ヵ国中最下位です。

さらに、「多少退屈でも平穏な生涯を送りたい」「暮らしていける収入があればのんびりと暮らしていきたい」といった生き方に共感する傾向があることも、この調査結果からわかります。「一生に何回かはデカイことに挑戦してみたい」「やりたいことにいくら困難があっても挑戦してみたい」「自分の会社や店を作りたい」というポジティブな生き方に、日本の若者はあまり関心を持っていないのです。

要するに、働くことへの意欲や気力というものがない。

これは高校生に限った話ではありません。日本の若い社会人も、総じて激しい闘争心がなく、まるでヒツジの群れのようです。「泥水をすすってでも頑張ってやろう」と自らを叱咤激励し、向上しようというモチベーションが決定的に欠けているんです。

なぜなら、「奪い取られる」ことを知らないからです。

自分より能力が勝る人たちが外国から次から次へと現れて、自分がいまやっている仕事をいつ奪われるかもしれない、という危機感が日本にはまったくありません。日本人同士でぬるま湯に浸かりながら適当に競争をして、「その中で勝てばいいんでしょ」と、呑気に考えている。これは、移民が少ないことと年功序列が長く続いてきたために根付いた、日本の悪しき文化と言えるでしょう。

一方、移民が多い欧米では、うかうかしているとよその国から来た人たちに仕事や起業の機会を奪われてしまいます。

たとえばシリコンバレーでは、企業評価額が一〇億ドル以上で非上場のスタートアップ企業（新たなビジネスモデルを開発して市場を開拓する段階にあるベンチャー企業）の過半数が、移民が創設した会社だと報じられています（「日経産業新聞」二〇一七年二月一四日）。

また、ドイツでは外国人起業家向けに「自営業者」の滞在許可が設けられており、二〇〇九年に新たに設立された企業のうち三割以上が、外国人の設立した企業でした（日本総研「高度外国人の起業環境等に関する調査報告書」二〇一二年三月）。

「起業家ビザ」が設けられているイギリスでは、外国人による起業の割合が自国民よりも高く、総合起業活動指数（成人〔一八～六四歳〕人口の一〇〇人に対して、「起業の準備を始めている人」と「創業後三・五年未満の企業を経営している人」がどれくらいいるかを示した指数）ではイギリス国民八・九％に対し、一六・九％と倍近い数字を占めているそうです（日本総研「起業促進に向けたインバウンド戦略」野村敦子　二〇一五年六月九日）。

つまり欧米では、「起業のチャンスを外国人に奪われてなるものか！」という気迫がなければ勝てないのです。いまの自分の仕事にしても、油断すれば中国やインドから来た優秀な人たちに取られてしまうので、技術や効率を高める努力を続けていかなければなりません。そのため、仕事に対する気力が日本とはぜんぜん違うんです。

俺たちは日本でやっているんだから関係ない、と思うかもしれませんが、それは大間違いです。近い将来、日本でも外国人との競争が激しくなるでしょう。

すでに日本政府は、外国人労働者や留学生の就労条件を緩和する方針を示していま す。現状では、安倍政権は移民政策をとる考えはなく、いわゆる単純労働の分野で外国人労働者の受け入れを拡大する方針です。そのため、「働かせるが永住は認めない」というご都合主義だ、との批判もあります。

外国人留学生に関しては、これまでも専門性の高い「高度人材」の受け入れを推進してきましたが、二〇一八年秋に在留資格の適用範囲を広げる方針を固め、希望者の多くが日本企業に就職しやすい環境を整える考えだといいます。

ただ、海外からやってきた優秀な人が日本で起業することはまだまだ少ない。日本のＩＴ関連技術が遅れている最大の理由は、外国人技術者がほとんどいないことです。日本は外国人の就労制度をさらに見直し、移民政策についても長期的視野で考えなければならない時期にきています。

いずれにせよ、日本企業にこれからどんどん外国人が増えていくことは確かです。もはや、日本人同士で仲良くのんびり仕事をしていればいいという時代ではありません。

日本の若者は、「ドングリの背くらべ」をしているようなものです。中国やインドからドングリじゃない人たちが来たら、自分がやりたかった仕事は他国の人が行い、日本人は臍《ほぞ》を噛むことになるでしょう。

そうなってからでは遅い。「自分たちも奪われるんだ」と覚悟し、「こっちのほうから仕事を奪い取ってやろう」ぐらいの意識を持って研鑽を積んでいってほしいものです。

若者だけじゃない。四〇代、五〇代の管理職も、よほど考え直さなければいけません。たとえば、いまあなたが部長としてやっている仕事を、課長が奪い取るかもしれません。

日本では「A部長みたいなやり方をするぐらいなら、B課長にやらせたほうがいい」と言うと角が立つので、「B課長のほうが能率がいい」とか、「C課長に任せればいままで三時間かかっていた仕事が一時間半でできるから」とか、「部下が非常に喜ぶから」といった言い方になるでしょう。いずれにせよ、その部長は部下に仕事を奪い取られてしまうわけです。

いままでの日本ではあり得なかったことが、これからは当たり前のように起こります。だからこそ、何歳になっても努力を怠ってはいけないのです。

日本人同士で競争したって意味がない。海外で本物のエリートと接触せよ。

これからの日本の若者は、世界の若者に伍して闘うくらいの気力がなければいけません。

学生時代の友達と給料の額を競い合ったり、会社の同期の中で一番だ、二番だなどと言っていても、まったく意味がない。世界にはもっと気力のある優秀な人材がゴロゴロいます。そうした人と研鑽し合ってこそ、自分の成長につながるのです。

私自身、それを痛感したのは、アメリカに駐在して間もない頃でした。

日本で六年ほど仕事の経験を積み、望んでいたニューヨークの駐在員に選ばれた私は、御多分に漏れず、自信過剰に陥りました。自分が担当する仕事については何でも知っていると自惚れ、「アメリカのサラリーマンも俺たちとそんなに差がないな」と思っていました。しかし、私より少し歳が上の青年に出会って、鼻っ柱をへし折られることになったんです。

彼は、一流大学出身で一流企業に勤めているというだけでなく、「私」よりも「公」を大事にする、人のため社会のために尽くそうという気概を持った、本物のエリートでした。

あるとき、彼の自宅に招かれました。アメリカ人は他人を家に入れることがあまりないのですが、私たちは非常に親しくしていたので、彼は自分の書斎まで見せてくれたんです。

彼の書斎に入ると、大きなデスクの上に、仕事に関する書類や読みかけの本が山積みになっている。それでも収まり切れなくて、周りの絨毯の上にまで書類と本が積んであるんです。

それを見た私は、「本当のエリートとはこういうものなのか」とショックを受けました。もともと優秀なうえに、自宅に帰ってからこんなに勉強しているとは……。いままで自分が会っていたのは本当のエリートじゃなく、中ぐらいにできる人たちだったんだと悟りました。

しかも彼は、大学に入る前にどういう本を読んだか私が訊くと、ウィンストン・チャーチル（六一代および六三代イギリス首相）が書いた『A History of the English-Speaking Peoples（英語圏の人々の歴史）』だと言うんです。全四巻からなるこの本には、カエサルのブリタニア侵攻からチャーチルが第二次ボーア戦争に起《た》つまでが描かれており、その中で、英語というのはどのように始まり、どんな言語の影響を受けたのか、英語圏の国民の性質や国際的な地位はどう変化してきたのか、といったことがいろいろと書かれています。

「アメリカでは、大学の入学祝いに父親がこの本を読ませるのが一般的だよ」と、彼は言いました。私は二重にショックを受け、「これはあかん。このままじゃ彼らに負けてしまう」と、目が覚めました。

これをきっかけに、私は自分の仕事に関係する世界の農業について勉強を始めました。そして帰国する前には、世界の穀物業界について日本経済新聞から原稿を頼まれるようになりました。

帰国後も、どんなに飲んで帰っても必ず勉強の時間を取り、一介の課長にすぎないのに学者の集まる討論会にも参加しました。そのうちに、日本の業界誌に「アメリカ農業小史」や「アメリカ農業風土記」などの連載記事を執筆するようになり、歴史を調べるためにアメリカの図書館に手紙を書いて、日本では手に入らない本のコピーを取り寄せたりしました。三〇代後半から四〇代前半にかけての、「トンボ」の時期のことです。

私が目指したのは、日本の学者に負けないレベルです。だから学者以上に勉強しました。当時の日本の学者は、世界の最先端から五、六年遅れた資料やデータに基づいて議論をしていましたが、私はアメリカ農務省が発行している直近の資料をワシントンから取り寄せて読み、現場から上がってくるさまざまなデータも読み込みました。

「五年前の資料をもとにした研究論文では、まったく意味ないね。業界人が読んでいるのは最新のデータだ。学者と議論したって負けないぞ」という気概を持っていたんです。

ほぼ同時期に、アメリカの知人ポール・サーノフの書いた『Silver Bulls』という本の翻訳もして、『シルバー・ウォー――実録「ハント銀投機事件」』というタイトルで日本経済新聞社から出しています。ニューヨークの銀相場の内幕を描いた本で、辞書に出ていない特殊な業界用語も多く、わからないところは出張の際に著者に会って話を聞きました。また、大学院での講義を頼まれるようにもなりました。

こうした機会を手に入れることができたのは、アメリカで本物のエリートの勉強ぶりに刺激され、彼を意識して猛烈に勉強したからです。

私のような経験は、海外を一、二週間回るだけではできません。少なくとも数ヵ月間は滞在し、自分と同じような年齢の本物のエリートと接触したり、一流の大学で一流の教授に教わったほうがいい。そして、向こうではなるべく日本人と付き合わないほうがいいんです。できれば日本人がいないところに行けと、若い人たちには言っています。

ちなみに私は、アメリカ駐在当初はうまく英語を話せなかったので、仕事帰りに英語学校に通いました。そこには私と同じような日本の商社マンが何人か通っていましたが、私は彼らとの接触を避け、日本語が通じる和食レストランにも行かないようにしていました。

よく言われることですが、いくら英語学校に通っても、授業のあとに日本語ばかり使っていたら英語はなかなか身に付きません。英語を身に付けるいちばんの方法は慣れです。私は、アメリカの友人や外国から来た人と一緒に、英語のガイドブックを頼りに四つ星以上のレストランを軒並み荒らしまわりました。

社長に就任してからは、入社四年以内の若手総合職全員を海外研修に出すようにしました。期間は約四ヵ月から、長い人では他の研修と組み合わせて二年です。アメリカだけではなく、中国や欧州などに派遣するケースもあります。私が彼らに期待しているのは、語学の習得以上に、日本人以外の世界中の人と触れ合って刺激を受けることです。競争相手は世界にもごまんといて、懸命に勉強していることを知ってほしい。若いうちにそういう経験をしておけば、ものごとを広い視野で捉えられるようになりますし、国際的な舞台で日本人だけで固まるような「世界の田舎者」にならずに済みます。

日本で隣にいる友達ばかり見ているようでは視野が狭くなり、仕事や勉強の本当の深さを知ることはできません。皆さんもぜひ、海外の風に当たって食事から何から、あらゆる面で本物の一流を知り、自分の仕事に関することだけでなく、日本人として「外国人には負けないぞ」と思えるぐらい、日本の将来のためにも勉強を続けていただきたい。若い人たちには本当に頑張ってほしい。心からそう思っています。

通勤電車を読書ルームにする。

子供の頃から、私は読書を欠かしたことがありません。働くようになってからは、読みたい本にはお金を惜しまず、どんなに高くても躊躇せずに買ってしまいます。これだけは自分に許された最高の贅沢であり、自分を成長させるための投資だと思っています。

ニューヨークより帰ってから、通勤電車の中で座って本を読みたいので、わざわざ会社まで片道一時間かかる郊外の始発駅のそばで家を探しました。始発駅なら必ず座れるし、帰りも終点だから本に夢中になって乗り越すこともありません。大宮に住んでいた頃には、それで失敗したことがあります。酒を飲んで上野駅から東北本線に乗って本を読んでいるうちに眠ってしまい、大宮を通り越して一ノ関あたりまで行っちゃったんです。仕方ないから朝まで駅の待合室で運動していました。

不動産屋に「都心からできるだけ遠い始発駅にしてください」と言うと、「変わり者だな」という目で見られましたが、「いや、始発駅がいい」といまの家に引っ越しました。ところが二年もしないうちに線路が延びて、始発駅ではなくなってしまった。「ああ、もう座れない。俺は馬鹿だな」と思いました。社会が発展することを忘れていたんです。

寝る前にも必ず三〇分は本を読みます。いくら眠たくても、どんなに酒を飲んでいようと、寝る前の三〇分の読書は絶対にやめないと自分に言い聞かせてきました。活字中毒症に近い。どれほど役立っているかは考えていません。未知への探求心がそうさせるのだと最近は思うようになりました。

しかし高齢になると、やはり読むスピードが落ちますし、体の部品もいままでのようにはいかなくなります。若いときこそ思い切り読書をしていただきたいものです。

読書は私たちにたくさんのことを与え、人生を豊かにしてくれます。

たとえば、読書の効用の一つに、論理的思考が養われることがあります。取引先や上司を説得してプロジェクトを進めたり、部下を納得させて動かしたりするとき、自分の考えを論理的に組み立てて話すことは必須の条件です。「論理」は、年齢も経験もさまざまに異なる人たちと理解し合うための大切なツールです。論理的な思考や話し方は、長年の読書でしか培われません。付け焼き刃で話し方のハウツー本を読んだからといってすぐに身に付くものではありません。

また、読書によって想像力も育まれます。たとえばトルストイを読むと、当時のロシアがどういう生活だったかわかります。そこから、庶民はどんな気持ちでいたのか、自分がそこで生活していたらどう思っただろうなどと想像力を働かせることは、読書の醍醐味の一つです。いまはインターネットで何でも知ることができますが、すぐに答えがわかると、想像力が乏しくなってしまうのではないでしょうか。

他にも、読書を通じて世の中を洞察する力が養われ、世間の常識や、自分ではできない経験に基づく見識を持つことができます。また、「俺はものを知らないな」と、自分の無知を知ることができます。本を読まなければ、自分が無知だとは気付きません。読書の効用を挙げればキリがありません。ひとことで言えば、「人は読書で磨かれる」のです。

いろいろなところで読書の効用を説いているので、「お薦めの本は？」と訊かれることもよくあります。でもそんなとき私は、「そんな本はないよ。自分にとっていい本は、あなたが決めなさい」と答えます。私の感じ方でおもしろいと思っても、他の人が感動するとは限らないからです。他人から薦められて読むのではなく、いまの自分が最も関心を持っている本を読めばいいんです。それで感動したときは、じつに嬉しいものです。

腹ペコになれば何を食べてもおいしいと思うのと同じで、求める気持ちがなければ何を読んでも楽しくないし、感動もしません。ただ、仕事の必要に迫られて、さほど関心がない本を半ば義務のように読まなくてはならないこともあるでしょう。そんなときは、「仕事を成功させるために読んでいるんだ」と気の持ちようを変えればいい。意識して目標を設定すれば、あまり興味が持てない本でも、知らないことを知る喜びを発見できると思います。

「感動した本を一冊挙げてください」と訊かれたときも、「そんなものはないよ」と私は答えます。読書の感動というのは、自分の置かれた環境や立場、経験や年齢などによって、その都度その都度、変わっていくものだからです。

私が学生時代に『ジャン・クリストフ』を読んで大いに感動したことはすでに述べましたが、三年ほど前に久々に読み返してみると、あまり感動しませんでした。『ジャン・クリストフ』はかなりの長編で、文庫本全巻を通すと四〇〇〇ページ近くあるのですが、結局、半分くらいで読むのをやめてしまいました。

二〇代前半で読んだときと、七〇歳を過ぎてから読んだときとで受ける印象が違うのは、当然のことでしょう。もし若いときと同じように感動したなら、私は五〇年以上何の進歩もしなかった、ということになってしまいます。

仕事や人生の目標も、年齢とともに変わっていきます。

たとえば、八〇歳近くになって「目標は金儲けです」なんて言う人は、まずいません。いたとしても、お金だけではやっぱり満足できないと思います。ある程度の年齢になれば、「貧乏でも心豊かに」と思うようになっていくでしょう。

人間というのは、いつまでも同じものに感激しないものなのです。

読書は目だけでなく体全体を使う。

人間は「忘れる動物」です。本を読んでいて、いいことが書いてあるなあと感激しても、必要になったら引っ張り出せばいいやと思っているうちに、どこにその本をしまったかわからなくなってしまうことは、皆さんにもよくあることでしょう。目当ての本を引っ張り出しても、その箇所がなかなか見つからないこともあります。そもそも、どの本に書いてあったのか忘れてしまうことだってあります。

私の場合、そうならないように、本を読んでいて心に引っかかる箇所があれば、次のことをして記録にとどめておくようにしています。

まず、本を読みながら、印象的な言葉、興味深いデータ、これは重要だと思った箇所に、傍線を引いたり、付箋を貼ったりします。そのページの余白に、「ここはこういうふうに考えればいいんじゃないか」といったことをメモすることもあります。

次に、その本を読み終えたあと、もう一度最初のページからパラパラとめくっていって、傍線や付箋や自分が書いたメモのところでパタッと止め、その箇所や自分のメモを読み返します。

そして、その中から「これは重要だ」「覚えておこう」と思ったものをどんどんノートに書き写します。この作業は手間がかかるので、週末の休みにまとめてやることもあります。

この「自分の字で書く」という行為が大事なんです。目で字を追って記憶しようとしてもなかなか覚えられませんが、手を使って時間をかけて書くと、けっこう記憶に残ります。

本の置き場所は限られているので、こうしてノートに書き写したら、その本は処分してもいいでしょう。大事な部分は書き写してあるから、その一冊は手元のノートに残された、という考え方です。本は処分しなければ増える一方なので、私はどんどん処分します。

読み終わったら古本屋に売るからきれいに扱わなければ、なんていうケチな考えは起こさないことです。よほどの稀少本でない限り、どうせ二束三文です。遠慮せずにどんどん線を引き、余白にメモして、本を汚していけばいいんです。

私はこの「書き写しノート」を始めて二〇年以上になり、ノート四冊ほどに覚え書きがたまっています。人に見せたことはありませんが、ページ一面に小さな字がびっしりと書き込んであります。

新たに書き写しをしているとき、ついでに他のページをめくってみると、時々、発見もあります。「これと反対のことを、この著者は言っている」「この事象とこの事象を比較したらおもしろいかもしれないぞ」といった気付きがあり、それらが講演の素材になることもあります。また、講演やスピーチの内容を考えているとき、「あれは誰の言葉だったかな？」と思ってノートを繰ることもあります。つまり、このノートは実用としても役に立つわけです。

もっと若いときにこのノートを始めていれば、さらにおもしろいものになったでしょう。いま見たら、「二〇代の頃はこんなことも知らなかったのか」「三〇代の頃はこんな一文が琴線に触れたのか」と、自分自身を振り返ることができます。年代によって心を動かされる対象は異なり、時代も反映されてくるはずなので、ユニークな自分史ができるかもしれません。

ただし、この「書き写しノート」はあくまでも私のやり方です。そのまま真似をしても、面倒だと思えば結局は続かないので、自分が実行できるやり方をおのおのが考えるほうがいいでしょう。これが最善という方法はないのですから。

一つだけ言えるのは、あまり「ビシッ」と形を整えようとしないことです。そうすると面倒になって、逆に長続きしません。人に見せるものではないんだから、乱雑でもいいから続けるほうがいい。何事も、ちょっと抜けた不便なところがあるほうが健全で、逆にちがう効果があるかもしれません。

誰にだってチャンスはある。
でも、勉強しないとチャンスは摑めない。

「チャンスというのは、そう滅多にあるものではない」と、よく言われます。しかし私は、チャンスはあちこちにある、誰にでも平等にあると思っています。

ただし、目の前に流れている情報をただ「ボーッ」と眺めているだけでは駄目です。日頃から関心のある情報を頭の中に入れ、気になることがあれば調べておくという姿勢でなくてはいけません。同じ新聞記事を読んでも、そういう人は「あっ、これは先々参考になりそうだ！」と「パッ」と気が付きますが、日頃から勉強してない人は見過ごしてしまうものなのです。

たとえば二〇一八年秋に、民間人として世界初の月の周回旅行を日本人がすることになったと報じられて話題になりました。このロケットを開発して打ち上げるのは、通称「スペースX」というアメリカの民間企業です（ちなみに、この会社の創設者イーロン・R・マスク氏も南アフリカ共和国からの移民です）。

かつての冷戦期、米ソ両国が熾烈な宇宙開発競争を繰り広げていた頃は、ロケットの開発や打ち上げは一〇〇％国家プロジェクトで、こんなことは誰も想像できませんでした。しかし近年は、アメリカ以外にイギリス、インド、中国、日本などの民間企業も、いわゆる宇宙ビジネスに参入してきています。

それらの企業が「我々にもできるんじゃないか？」と考えた直接のきっかけは、テクノロジーの進歩でローコスト・高性能のロケット部品の開発が可能になったことなどでしょうが、日頃から宇宙ビジネスに関心を持っていろいろなことを勉強してきた人たちの中には、「待てよ、似たような先例があるぞ」と思った人もいたかもしれません。

たとえば、インターネットの開発は、当初はアメリカ政府が主導していたが、いまでは民間企業がサイバースペースを支配している。もっと遡れば、大航海時代には西欧諸国が東インド会社のような民間会社を創設し、海外進出に伴うリスクの見返りとして交易の独占権を与えた——。「いずれ宇宙もそうなるはずだ。これはビジネスチャンスだ。よし、我々もやろうじゃないか」と考えた人もいたのではないでしょうか。

以上は私の想像ですが、興味のあることについて幅広く勉強していれば、他の人が気付かないところで先々の仕事の種を見つけられる、これは確かなことです。

関心のある情報を、「これはどういうことなんだろう」と考えながら読んで頭の中に入れ、「なぜ？」と引っかかったことを調べて、また考えてみることの繰り返しが、自分の知識となり、将来の夢の種を摑むための行動につながっていくのです。

私たちが本、新聞、雑誌、インターネットなどから得た情報は、単なる断片的な情報にすぎません。そういうものをいくらたくさん持っていても、それだけでは知識とは呼べません。なぜなら、情報は「考える」という作業を経ないと知識にならないからです。考えながら読むことによって、さまざまな情報が有機的に結合したとき、はじめて知識になるのです。

私がそれを意識するようになったのは、アメリカ赴任中に、世界の穀物業界について日本経済新聞に原稿を書いたことがきっかけでした。

原稿を書くときには、実地の調査で得た情報や、資料や本から仕入れた情報を整理し、自分なりの考えをまとめて文章化していきます。その文章を多くの読み手にわかりやすく伝え、理解してもらうためには、考えながら本を読んだり、資料を分析したりすることが極めて重要だと痛感したんです。

本や資料を読みながら「なぜ?」と疑問に思えば、すぐに調べました。食事中でも、「あれはどうなっているんだ?」と思い付くと百科事典を取り出すので、娘から「お父さん、食事中でしょう」と言われてしまったことも何度もあります。あるいは、「この先、世界の食糧事情は逼迫していく」というデータが出てきたら、それは中国のせいなのか、いやそうじゃないと言っている人もいる、本当のところはどうなのかと、また調べる。こうして好奇心に突き動かされて勉強することは、血湧き肉躍る「未知の世界への挑戦」でした。

考えながら読むことと共に大切なのが、自分自身で一次情報を手に入れる努力です。私はアメリカに赴任する際、伊藤忠の幹部役員だった瀬島龍三《せじまりゅうぞう》さんから、こう言われました。

「もし問題が起こったら、すぐに飛行機で現地へ飛べ。金のことなど気にするな」

瀬島さんは、太平洋戦争時に大本営陸軍部の作戦参謀だった元軍人です。一一年間のシベリア抑留を経て伊藤忠商事に入社し、後に会長になりました。「すべては現場に宿る。一次情報を大事にせよ」というこのアドバイスは、現場を見ずに大本営から作戦を指揮したことに対する、自戒の念を込めた教訓だったのだと思います。

アメリカ駐在中に穀物相場で五〇〇万ドル近い含み損を抱えてしまったとき、私は瀬島さんのこの言葉の重みを痛感することになりました。

すでに述べたように、大失敗の原因は、ニューヨーク・タイムズの一面に載った「今年は深刻な旱魃になる」という記事を鵜呑みにしたことです。当時の私は、この記事の情報源は何なのか、記者はどれだけ現地に行っているのか、どこまで自分の目で確かめているのか、ということに考えが及ばず、新聞に載った二次情報を信じてしまったわけです。含み損を出したあと、私が産地に何度も足を運び、民間の天気予報会社やアメリカ気象庁からデータを入手したのは、二次情報を鵜呑みにしてしまったことへの猛省からでした。

この含み損を解消した翌年、ニューヨーク・タイムズには「小麦地帯が大旱魃に襲われる」という記事が載りました。「今度は騙されんぞ」と、私はすぐに飛行機でカンザス州に飛び、レンタカーで広大な畑を見て廻りました。畑は見渡す限り青々として、干からびて砂地になっているところなんてどこにもありません。「なんだ、前と一緒じゃないか。これは買っては駄目だ」。自慢めいた話で気が引けますが、皆が旱魃に賭けて買っている中、我々は買わずに損を免れました。

この経験から私は、情報の質を見極めることがいかに大切かを学びました。とりわけいまは、ネットを中心に夥《おびただ》しい情報が溢れ、「フェイクニュース」も横行していますから、入手した情報は必ず一度は疑ってみるべきです。「情報源は何か?」「情報の質はどの程度なのか?」「何が正しくて、何が間違っているのか?」を常に考えながら、情報に接していく必要があります。

利益の根源はどこにあるかを常に考えよ。

私が事業本部長の頃に導入したビジネスモデルに、「ＳＩＳ（Strategic Integrated System）＝戦略的統合システム」があります。新しいビジネスチャンスを生み出すために、私はこのシステムを構想しました。

ＳＩＳをひとことで言えば、原料確保から始まり、商品の生産から消費まで、全部の流れに投資し、関与していくということです。穀物を例にして説明しましょう。

商品にも、生まれてから死ぬまで、「揺籃《ゆりかご》から墓場まで」の流れがあります。小麦粉であれば、原料である小麦の種の植え付け、収穫、運搬、そして一次加工で粉になり、二次加工でパンやうどんといった食品になって、小売店で買った消費者の口に入る。

当時、私の会社は、この流れの中で、せいぜい中間流通までしか手掛けていませんでした。アメリカや中国などで大量に生産された小麦原料を日本へ持ってきて、パンやうどんに加工するメーカーに売るところまでです。

つまり、「商品の流れ」を川にたとえれば、川上ばかりやっていたわけです。その粉を二次加工してパンやうどんをつくる川中や、それを販売する川下は手掛けていませんでした。これは伊藤忠だけではありません。当時の日本の商社はどこも同じようなビジネス構造でした。

しかし私は、「それでは商社の未来はない」と思っていました。このビジネスモデルでは、リスクが高く大きいからです。

たとえば、小麦が大豊作で余った年には、商社（川上）はダンピングして、損してでも小麦粉を売るしかありません。安い値段で小麦粉を買ったメーカー（川中）は、いつもと同じ値段でパンやうどんを小売店（川下）に卸すから儲かります。その逆に、旱魃などで小麦粉が足りなくなれば、今度は商社が儲かります。

しかし、そういう不安定なビジネスはもう終わりにすべきだ。儲けに波があっては駄目だ。いつも儲かるようにしたい。

では、どうするか。川上、川中、川下の全部に関与すればいいんです。

アメリカや中国から原料を買い付けて半製品にし、それをメーカーに持っていく。加工した商品をまた配送して、消費市場に持っていく。こうして川上から川中、川下まで押さえておけば、川上の原料のマーケットが振るわなくて損をしたときでも、川下のパンやうどんの販売マーケットは好調で儲かるという具合に、どこかで商機を見出せるはずです。

もともと、川上から川下まですべてが儲かる業界というのは、あまりありません。川上、川中、川下の全部を総合して、トータルでならしてプラスになればいいのです。そうすれば収益を安定させることができる、という考え方です。

私はこれを「縦の総合化」と呼んでいます。

当然、「縦の総合化」をすれば、いままで顧客だったメーカーの競争相手にもなるわけですが、そこで遠慮していたら、いつまで経っても会社は儲かりません。それに、別にメーカーや小売店の邪魔をするわけでもありません。たとえば、メーカーの中には、原材料を自社でつくらず、商社の子会社から仕入れて、いろいろな商品に加工しているところもあります。そのほうが、コストが安いからです。それと同じようなことを、もっと大きくまとめたシステムにして構築する、ということです。

こうして会社に導入したのがＳＩＳというビジネスモデルです。ＳＩＳは、収益構造の変革です。今すぐに大きな収益を上げることはなくても、将来を考えれば絶対に必要だと、私は考えていました。川下の分野で顧客と接点を持てば、消費者のニーズを川上や川中に反映させ、そこからさらに、新たなビジネスチャンスを自ら開発していくこともできます。そういう姿勢を持たなければ、勝ち残ることはできません。

「商社がただモノを右から左に動かして利ざやを稼ぐ時代は終わった。利益の根源はどこにあるのかを常に考え、新たな収益源を積極的に求めていかなくてはいけない」

社長になってからも私は、ずっとこう言い続けてきました。これこそが商社機能の本道だと、いまでも確信しています。

守りと攻めを同時にやれ。

私が副社長をしていた一九九八年二月、会社はコンビニエンスストアのファミリーマートの株を取得し、同社の筆頭株主になりました。前項で述べた「縦の総合化」によって、収益構造を大改革するためです。

なぜコンビニなのかというと、そこに「利益の根源」があったからです。

当時、コンビニは破竹の勢いでした。日本全国に約四万軒あり、だいたい二〇〇〇人に一店舗の割合で出店されていました。日本の人口は一億二〇〇〇万人ですから、単純計算しても最終的に六万軒にまで伸びる。つまり、あと二万軒の出店の余地があったわけです。

それに加えて日本は狭いので、住宅密集地に出店すれば、家庭の冷蔵庫感覚で使ってもらうことができます。プライベートブランドで、どんどん新しい商品を開発することも可能です。現に、いまではそうなっています。

経営というのは、このように世の中の動向に絶えず目を光らせながら、どの段階（川上か川中か川下か）がこれから儲かるか、利益の根源はどこにあるのかを見極めなければいけないのです。

　商社にとってコンビニを確保することは、大きなビジネスチャンスにつながる。もともとそういう目論見があり、私が業務部長だった頃からファミリーマートに目を付け、わずかな株を持ち、人も派遣していました。当時の食料部門は、少しずつファミリーマートの株を買っていこうという戦略でした。

　また、当時ファミリーマートの筆頭株主だったセゾングループがリストラを行うという話も出ていたので、そこに照準を合わせて、いつどのように株式を取得するか、チームを立ち上げて用意周到にシミュレーションもしていました。

　結果的に、私が社長になる数ヵ月前に、西友とその関連会社が保有するファミリーマート株式のうち二八六二万株を、我々が提示した一三五〇億円で買収しました。これにより、グループの持ち株比率は三〇・六％になり、筆頭株主となったのです。

　当時の伊藤忠はセブン‐イレブンとの取引額が大きかったため、これまでの関係にひびが入るのではないかという見方もありましたが、この投資については事前にセブン‐イレブンにも話してあり、決してセブン‐イレブンに弓を引くわけではないことも理解してもらっていました。

　どの企業にも言えることですが、よそ様に遠慮して利益の根源に迫っていかなかったら、いざというときに手も足も出なくなってしまいます。もし自社が傾いたとき、いったい誰が面倒を見てくれるのか。誰も見てくれません。収益の源は、自分たちの手で確保しておかなければならないんです。

ファミリーマート株の取得に使った一三五〇億円という金額は、当時は会社始まって以来の大きな投資でした。その一方で、第四章で述べたようにバブル期の「負の遺産」である不動産等の不良資産を抱え込み、二〇年ぶりの大幅赤字に転落するという、会社の危機に直面していました。それでも私は、「利益の根源に迫るべきです」と言って社長を説得したのです。

ところが、この話を聞いた影響力のある大先輩たちから、「こんなちぐはぐな経営をしていいのか」「お前は会社を潰す気か」「きみは頭がおかしいんじゃないか」と、猛烈な反対に遭ってしまったんです。大幅赤字の中で会社始まって以来の巨額投資をするのですから、先輩たちが激怒するのも、もっともな話です。

セブン-イレブンとの取引額が大きかったこともあり、「重要なお客様に対して顔向けできるのか」という批判も出て、先輩の方々も反対意見を後押ししました。しかし前述したように、顔向けできるかできないかの問題ではありません。これからの商社は、利益の根源をどこに求めるかという問題です。「頭がおかしい」と言われようが、自分の力で稼ぐべきなんです。

当時、特別顧問の瀬島龍三さんから話を聞きたいとの声がかかりました。

「戦争で言えば守りと攻めを同時にやるようなものだ。経営になっていない」

と、叱られました。元軍人らしい言葉です。

瀬島さんは偉大な先輩で、中曽根内閣のブレーンとしても活躍した方ですが、「偉い人」から物言いが付いたからといって、やすやすと引き下がるわけにはいきません。私は自分の考えを率直に話しました。

「経営は軍隊とは違います。守りも攻めも同時にやらなければならないことも多いのです。守りだけやっていても、会社は小さくなっていくばかりです。だから攻めの部分もきちんとやる必要があります」

そもそも、守りだけで攻めないのでは、守ったことになりません。守勢一辺倒では、会社は潰れてしまいます。チャンスが来たと思えば、守りと攻めが同時期になることだってあるんです。守るべきは守り、攻めるべきは攻める。これがビジネスの鉄則です。

私は、会社を辞めてファミリーマートの社長をやらせてもらい、自分が先頭に立って改革を遂行しようと思うくらいの覚悟を持っていました。それだけ、この買収は会社のためになるという確信があったんです。まさに経営の決断のときでした。

それが瀬島さんにも伝わったのか、それ以上は何も言われませんでした。瀬島さんが納得したかどうか、本当のところはわかりませんが、理解してくださったのではないかと、いいほうに解釈しています。

結果として、ファミリーマート株式の買収は成功裏に終わりました。むろん、これは経営陣だけの力ではなく、社員がその気になってくれたおかげです。ただ、社員を動かすには上司の指揮が大切です。「いままで小売りなんてやったことはない」と社員が言えば、「じゃあ、やったことがある人材を採用してこい」というくらいに上司が指揮しないと、社員は未知の分野になかなか踏み出していけないものです。

この一件で私がいちばん嬉しかったのは、食品カンパニーの社員たちがファミリーマートという消費者ニーズに直接触れられる場所を得て、より大きな、新しいビジネスを展開できるようになったことです。そして、将来の夢を持つことで、彼らの表情も明るくなりました。

お客様のニーズに応えることは、社員にとって何より大きな喜びであり、会社繁栄の基本でもある、と言えるでしょう。

ＡＩは壮大なる前例主義である。

ＡＩの技術革新は目覚ましく、研究から実用化までの期間はどんどん短くなっていま す。人と会話ができるロボットが登場したり、企業のコールセンターのオペレーション業務に導入されたり、自動車の自動運転を可能にしたり、さまざまな分野ですでに活用されています。囲碁や将棋のトッププロとの対決に勝利したというニュースも、よく目にします。

一方、技術開発の発展を危惧する声も聞かれます。たとえばマイクロソフトでは、インターネット上で人間と会話することによって発達するＡＩの実験を、一時的に中止したことがありました。これは、ユーザーが不適切な内容を吹き込んだ結果、ＡＩがナチス賛美の発言をするようになったからだといいます。

「ＡＩが人間にとって代わって、人間はいままでの仕事を奪われてしまうのでは？」という不安の声も、よく耳にします。これは非常に大きなテーマです。

私自身は、ＡＩが人間にとって代わるようにはならないだろうと思っています。その理由はいくつかあります。

たとえば、ＡＩは過去の膨大な事例やデータを、人間では不可能なスピードであっという間に分析し、自ら学習したことと照らし合わせて、その状況にベストマッチの判断をします。悪く言えば、これは壮大なる前例主義です。いわば官僚の権化みたいなものですから、新しいものに挑戦したり、自分の感覚で「サムシングニュー」を考え付いたりする能力には、大いに疑問があります。もっと根本的なことを言えば、そのＡＩにはいったいどういう事例やデータが入っているのか、ということも問題になるかもしれません。

また、野性的なひらめき、直感、ドタ勘といったものもＡＩにはありません。でも、人間にはそれがあります。たとえば私は、相手と話していて「この人は相当出世する」と、ピンとくることがあります。こうした直感は、若くて経験が足りないときには働きませんでした。ひらめきや直感というのは、人生経験や自分の専門分野の経験を相当積み重ねて、ようやく働くものなのでしょう。将棋の羽生善治さんが、こういうようなことをおっしゃっていました。

「こうやるとうまくいきましたというケーススタディを重ねても、直感にはつながらない。それよりも、時間と状況が限られた実際の盤面で選択を繰り返すこと、過去の局面の積み重ねではなく生の実戦の積み重ねが、直感を磨く道なんじゃないかと思います」

何より、ＡＩが人間にとって代わることはないと私が考えるいちばんの理由は、ＡＩには心や情熱がない、ということです。心がないから感情に左右されない安定した判断を下すのでしょうが、仕事には喜怒哀楽がつきものです。前にも述べましたが、人間は仕事を通して、喜んだり、怒ったり、悲しんだり、感動したりしながら成長していくものです。そういう成長はＡＩには無理でしょう。したがって、「ＡＩvs.人間」の最終的な決着は、「心」「情熱」というところに落ち着くと思います。

近い将来、一〇代、二〇代の人たちがＡＩと組んで社会や企業の中で大きなイノベーションを起こす可能性も、もちろん否定はしません。しかしその場合も、最後に問われるのは、そこに心や情熱があるか、仕事をしている人たちに心の成長があるか、だと思います。

ＡＩという強力な武器を使って、人間が人間しか持たない力を最大限に発揮できる仕事をし、心を成長させていける環境を、これからの社会や企業はつくっていく必要があるでしょう。つまり、人間という資産を最大限活用するためのツールとしてＡＩを考える、ということです。

どんなに時代が変わろうと、ＡＩなど科学技術が進化しようと、国や企業経営の神髄が、最大の資産である「心を持つ人間」を上手に活用することである限り、「ＡＩが人間を支配する」ことはありえず、「人間を支配するのはやはり人間しかない」と断言できるのではないでしょうか。私は、そう確信しています。

おわりに――一歩前へ！

「先輩の敷いたレールの上を毎日歩き走るだけで、自分で稼いだような顔をするな」

社長だった頃、私はいつも自分にも社員たちにもこう言っていました。リスクを取ってでも新しいビジネスモデルをつくろうという、気概のある社員が減っていると思ったからです。どの会社でも言えることだと思います。

たとえば、海外でベストセラーになっている商品があるとか、国内でこんなユニークな商品が発売されたといった情報を入手したら、「それを我が社で扱えないか」と発想し、特許を誰が取っているか調べたり、製造元へ話を聞きに行ったりする。新しいビジネスを仕掛けるには、少なくともそれぐらいの情熱と行動力が欲しいのですが、多くの人は冷めた目でその情報を見ているだけで、自ら行動を起こそうとはしません。

言われたことだけやっている、ぬるま湯のような仕事のほうが、確かに苦労はないかもしれません。あるいは、「自分にはそんな権限はない」と思っているのかもしれません。でも、権限がなくても上司に意見を具申することはできます。むろん、ある程度の権限が委譲されている人なら、その権限を使って新しい仕事を広げていくべきでしょう。

私は、よくこういうことも社員たちに言いました。

「きみたち、本当に身体が震えるくらいの緊張を感じる仕事をしろ」

どっちに転んでもたいしたことがないような仕事を続けていても、感動や感激はありません。成長もありません。いまのぬるま湯から一歩踏み出し、想像力を駆使して大きな構想を考え、そのビジネスが成功するか、一歩踏み出せば転落するかという緊張感を持って仕事をすれば、心にいつまでも残る大きな喜びや、涙が出るほどの感動や感激を味わうことができると伝えたかったからです。

本書で述べてきた私の経験から言っても、緊張を伴う仕事であればあるほど、そこから得られるものは大きく、人間として一回りも二回りも成長していくことができます。

私の信条である「人は仕事で磨かれる」の真意は、そこにあるのです。じっとしていては、何も起きないし、何も変わることはありません。仕事によってこそ、我々は磨かれ、成長するのです。

どんな小さなことでもよい。勇気を出していま、一歩前へ踏み出そう。目の前の景色は必ず変わります。いままでにない新しい景色を求めていって欲しい。心より、そう願っています。

最後になりますが、本書の出版に当たりご尽力いただいた講談社の田中浩史さん、メディアプレスの岡村啓嗣さん、フリーランスの竹内恵子さんに改めて御礼申し上げます。

二〇一九年一月

丹羽宇一郎

本書の著者印税は著者の意向により、伊藤忠兵衛関連の資料保全のため「滋賀大学経済学部附属史料館」及び中国から日本に来る私費留学生への奨学金として「公益社団法人 日本中国友好協会」に、全額寄付されます。

講談社現代新書　2508

仕《し》事《ごと》と心《こころ》の流《りゅう》儀《ぎ》

二〇一九年一月二〇日第一刷発行　二〇一九年四月三日第八刷発行

著　者　丹《に》羽《わ》宇《う》一郎《いちろう》

発行者　渡瀬昌彦

発行所　株式会社講談社

東京都文京区音羽二丁目一二―二一　郵便番号一一二―八〇〇一

電　話　〇三―五三九五―三五二一　編集
〇三―五三九五―四四一五　販売
〇三―五三九五―三六一五　業務

装幀者　中島英樹

印刷所　株式会社新藤慶昌堂

製本所　株式会社国宝社

定価はカバーに表示してあります　Printed in Japan

N.D.C.914　219p　18cm
ISBN978-4-06-514621-7

「講談社現代新書」の刊行にあたって

教養は万人が身をもって養い創造すべきものであって、一部の専門家の占有物として、ただ一方的に人々の手もとに配布され伝達されうるものではありません。

しかし、不幸にしてわが国の現状では、教養の重要な養いとなるべき書物は、ほとんど講壇からの天下りや単なる解説に終始し、知識技術を真剣に希求する青少年・学生・一般民衆の根本的な疑問や興味は、けっして十分に答えられ、解きほぐされ、手引きされることがありません。万人の内奥から発した真正の教養への芽ばえが、こうして放置され、むなしく滅びさる運命にゆだねられているのです。

このことは、中・高校だけで教育をおわる人々の成長をはばんでいるだけでなく、大学に進んだり、インテリと目されたりする人々の精神力の健康さえもむしばみ、わが国の文化の実質をまことに脆弱なものにしています。単なる博識以上の根強い思索力・判断力、および確かな技術にささえられた教養を必要とする日本の将来にとって、これは真剣に憂慮されなければならない事態であるといわなければなりません。

わたしたちの「講談社現代新書」は、この事態の克服を意図して計画されたものです。これによってわたしたちは、講壇からの天下りでもなく、単なる解説書でもない、もっぱら万人の魂に生ずる初発的かつ根本的な問題をとらえ、掘り起こし、手引きし、しかも最新の知識への展望を万人に確立させる書物を、新しく世の中に送り出したいと念願しています。

わたしたちは、創業以来民衆を対象とする啓蒙の仕事に専心してきた講談社にとって、これこそもっともふさわしい課題であり、伝統ある出版社としての義務でもあると考えているのです。

一九六四年四月　野間省一

経済・ビジネス